职业教育"十四五"规划教材·**数智财经系列**

会计基本技能

马承金 著

图书在版编目(CIP)数据

会计基本技能 / 马承金著. —上海：立信会计出版社，2024.1(2024.8 重印)
职业教育"十四五"规划教材. 数智财经系列
ISBN 978-7-5429-7491-4

Ⅰ. ①会… Ⅱ. ①马… Ⅲ. ①会计学－职业教育－教材 Ⅳ. ①F230

中国国家版本馆 CIP 数据核字(2024)第 000516 号

策划编辑　陈　旻
责任编辑　陈　旻
美术编辑　吴博闻

会计基本技能
KUAIJI JIBEN JINENG

出版发行	立信会计出版社			
地　　址	上海市中山西路 2230 号	邮政编码	200235	
电　　话	(021)64411389	传　　真	(021)64411325	
网　　址	www.lixinaph.com	电子邮箱	lixinaph2019@126.com	
网上书店	http://lixin.jd.com		http://lxkjcbs.tmall.com	
经　　销	各地新华书店			
印　　刷	浙江天地海印刷有限公司			
开　　本	787 毫米×1092 毫米	1/16		
印　　张	10.75			
字　　数	268 千字			
版　　次	2024 年 1 月第 1 版			
印　　次	2024 年 8 月第 2 次			
书　　号	ISBN 978-7-5429-7491-4/F			
定　　价	42.00 元			

如有印订差错，请与本社联系调换

前　言

"会计基本技能"是会计专业学生必修的一门专业核心课程,也是学生必须掌握的一门技能操作课程。本书以"培养什么人、怎样培养人、为谁培养人"为主线,介绍了会计数字的书写、电子计算工具的应用、点钞和数字货币的应用、传票翻打和 Excel 的应用等技能,设计了票据和财务印鉴的应用、会计资料的整理、计算机开票和网络报税等任务,力求全面提高学生的职业技能与综合素质,从而满足会计核算的岗位需求。

本书从技能型人才培养的角度出发,介绍会计的基本技能,主要有以下特色:

(1) 注重内容和体系的创新。在内容上,融入了电子会计档案、数字人民币、全面数字化的电子发票和网上报税等新的会计应用;在体系上,加入了"小提示""知识拓展""学中思"和"学中做"等栏目,内容新颖,体系完整。

(2) 以就业为导向,突出能力培养。"就业是最基本的民生",为使本书内容更贴近实际,满足未来就业需求,作者多次到银行、税务和企业进行调研,并邀请行业专家作为撰写顾问,实现了教学和就业的无缝衔接。

(3) 案例引领,突出综合素质培养。本书的每个项目均设定"素质目标",通过案例引入,将社会主义核心价值观和会计职业道德融入教学,引导学生树立正确的价值观和人生观,落实立德树人根本任务,培养德智体美劳全面发展的社会主义建设者和接班人。

(4) 力求仿真,图文并茂,通俗易懂。本书采用大量的图片展示工作场景,激发学生学习兴趣,缩短课堂和实践的距离,提高学生的就业能力。

本书由马承金撰写,山东理工职业学院肖炳峰担任主审。在撰写过程中,山东舜天信诚会计师事务所济宁分所殷宪成、济宁市税务局经济技术开发区分局刘太文、济宁农业银行蒋萍对本书的撰写提出了很多合理化建议,济宁市高级职业学校程春梅、程素珍、薛碧云和李绘芳给予了大力支持和帮助。为使本书内容更加丰富,我们参考了一些专家学者的研究成果和文献资料,在此表示诚挚的谢意。由于作者水平所限,书中若有疏漏之处,敬请读者提出宝贵意见,以便及时修订和完善。

作　者
2024 年 1 月

目　录

项目一　会计数字的书写技能 ………………………………………………… 001
　　任务一　会计数字书写总体要求 ……………………………………………… 002
　　任务二　书写阿拉伯数字 ……………………………………………………… 004
　　任务三　书写会计文字 ………………………………………………………… 007

项目二　电子计算工具的应用技能 …………………………………………… 015
　　任务一　电子计算器的应用 …………………………………………………… 016
　　任务二　数字小键盘应用 ……………………………………………………… 023

项目三　点钞和数字货币的应用技能 ………………………………………… 033
　　任务一　手工点钞技能 ………………………………………………………… 034
　　任务二　机器点钞技能 ………………………………………………………… 048
　　任务三　真伪钞票识别技能 …………………………………………………… 051
　　任务四　电子货币和数字货币应用技能 ……………………………………… 055

项目四　传票翻打和 Excel 的应用技能 ……………………………………… 062
　　任务一　翻打传票技能 ………………………………………………………… 063
　　任务二　轧平账表技能 ………………………………………………………… 068
　　任务三　Excel 的应用技能 …………………………………………………… 071

项目五　票据和财务印鉴的应用技能 ………………………………………… 084
　　任务一　使用票据 ……………………………………………………………… 085
　　任务二　使用财务印鉴 ………………………………………………………… 093
　　任务三　使用电子印章 ………………………………………………………… 098

项目六　会计资料的整理技能 ………………………………………………… 104
　　任务一　整理、归档会计凭证 ………………………………………………… 105
　　任务二　整理、归档会计账簿 ………………………………………………… 114
　　任务三　整理、归档财务会计报告和其他会计资料 ………………………… 119
　　任务四　会计档案管理 ………………………………………………………… 124

项目七　计算机开票和网络报税技能 ･･････････････････････････････････････ 128
　　任务一　计算机开票技能 ･･ 129
　　任务二　电子发票和全面数字化的电子发票应用技能 ･･････････････････････ 139
　　任务三　网络报税技能 ･･ 148

附录 ･･･ 153
　　附录一　《中华人民共和国发票管理办法》･･････････････････････････････ 153
　　附录二　《会计基础工作规范》摘录 ････････････････････････････････････ 158
　　附录三　《会计人员职业道德规范》･････････････････････････････････････ 163
　　附录四　《关于规范电子会计凭证报销入账归档的通知》･･････････････････ 163

项目一　会计数字的书写技能

 **项目描述**

会计工作离不开书写,书写是会计工作者的一项基本技能。会计书写的规范化对于会计核算的连续性、可追溯性都有直接影响。会计书写规范是指对会计书写的书写工具、文字或数字、书写要求、书写方法及格式等方面做出的要求。财政部发布的《会计基础工作规范》对阿拉伯数字、汉字大写数字和金额、货币符号等的书写都有具体的规范要求。本项目重点介绍会计的书写技能。

 **项目目标**

知识目标

1. 理解会计数字书写的基本要求。
2. 掌握阿拉伯数字和中文大写数字的书写规范。
3. 掌握中文大小写金额数字书写技能及数字错误的更正方法。

技能目标

1. 能够写出规范和流畅的阿拉伯数字。
2. 能够正确规范书写中文大写数字。
3. 能够对错误数字按要求进行修改。
4. 能够运用会计数字的书写知识填制会计凭证、登记会计账簿和编制财务会计报告。

素质目标

1. 培养学生敬业爱岗、提高技能的优良品质。
2. 培养学生严谨细致、精益求精的工匠精神。

 **思维导图**

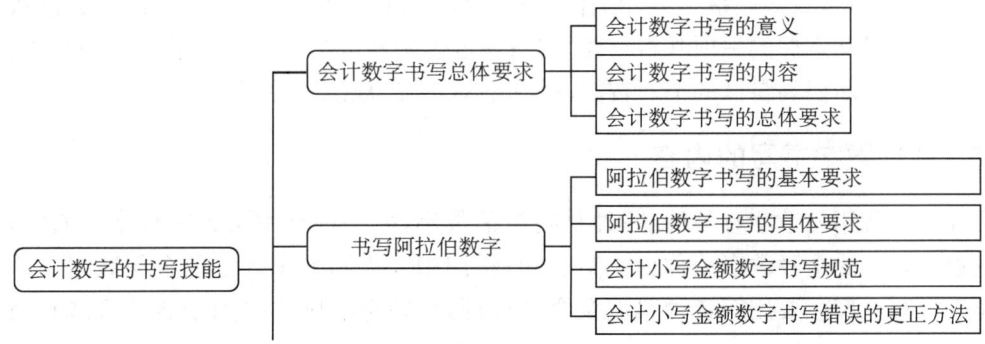

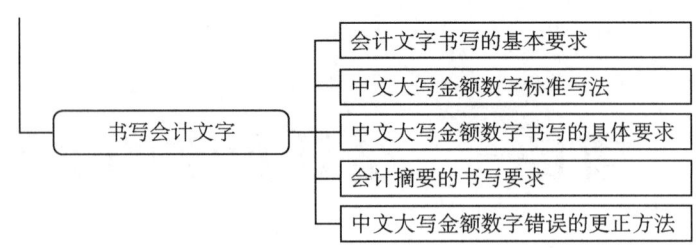

项目导入

会计数字书写规范的重要性

家住黄海市苗馆镇的黄老太向华夏面业股份有限公司销售小麦。两天后,她被该公司起诉到法院。面对纠纷,原告、被告双方各执一词,争执不下。原告华夏面业股份有限公司称,2022 年 6 月 12 日,黄老太到原告处销售小麦,金额 427.20 元,开票人员因疏忽将小写金额写成 4 272 元,但大写金额书写正确。出纳员支付时未认真审核,按 4 272 元予以支付。原告认为,黄老太已经构成不当得利,请求法院判令返还不当得利 3 844.80 元。对此,黄老太予以否认,辩称当时仅收到 427.20 元。原告提供了视频,但模糊不清,未提供进一步证据。法院审理认为,原告提供的视频不清晰,无法证明视频中的领款人为黄老太,也未提供充分的辅助证据予以证实,法院驳回了原告的诉讼请求。本案例为典型的数字书写不规范引发的经济纠纷。现实生活中因书写不规范,给单位或个人带来损失的案例很多,规范会计数字书写,非常必要。

任务一 会计数字书写总体要求

一、会计数字书写的意义

会计人员在填制会计凭证、登记会计账簿、编制财务会计报告和撰写财务会计报告说明书时,都会用到会计书写。会计书写必须字迹清晰和工整,不但易于辨认,也有助于防范舞弊。规范会计书写,直接关系到会计工作质量的优劣和会计管理水平的高低。会计数字书写是会计人员必须掌握的一项基本技能,书写规范也是衡量会计人员素质的一项基本标准。会计人员应当不断提高自己的书写技能,做到书写正确、规范和美观。

二、会计数字书写的内容

会计工作常用的数字有两种:一种是阿拉伯数字,另一种是中文大写数字。通常,将用阿拉伯数字表示的金额数字简称为小写金额;将用中文大写数字表示的金额数字简称为大写金额。大写金额主要用于各种票据及会计凭证,小写金额则主要用于会计账簿和财务报表等。

会计数字为什么要区分大小写金额?

三、会计数字书写的总体要求

阿拉伯数字和中文大写数字书写有不同的规范化要求,会计工作对数字书写的总体要求是书写正确、书写规范、书写清晰、书写整洁和字迹美观。

(一)书写正确

书写正确是指对会计业务发生过程中涉及的数字和文字要准确、完整地记录。正确是会计书写的基本前提,也是最基本的规范化要求。只有对所发生的经济业务进行了正确反映,书写才有意义。

(二)书写规范

书写规范是指对有关经济活动的记录要符合会计法规和会计制度的各项规定。无论是会计核算,还是财务分析,都需要书写规范、字迹清晰、文字简明和分析有理。书写时,要严格遵循书写格式,中文大写金额数字以国务院公布的简化汉字为标准,不得滥用繁体字、简体字或网络字;小写金额数字同样也要按规范要求书写。

书写中文大写文字时,可用楷书或行书,但不能用草书;文字不宜过大,一般上、下要留有空隙,文字之间要留有适当的空距,不能大小不一地书写。

(三)书写清晰

书写清晰是指账目条理清晰,字迹清楚,容易辨认,使人一目了然,无模糊不清的现象。

(四)书写整洁

书写整洁是指账面干净和清洁;竖排、横排文字及数字整齐分明;书写字迹端正、大小均匀,无参差不齐及涂改现象。

会计中的"账"和"帐"

账是关于货币、货物出入的记载,如账簿、账目等;帐是由布制成的遮挡物,如蚊帐、帐钩等。目前,国内以财政部为代表的官方规定使用"账"。但是,在日常生活中,甚至学术领域,两者均有使用。

(五)字迹美观

字迹美观是指书写除了准确、规范、清晰和整洁,还要尽量使结构安排合理、字迹流畅、字体大方,给人以美感。书写端正要求注意求同性,点画结构稳定、规范和正确;而美观则注重求异性,点画结构讲究变化,讲究方法技巧、艺术现象、美学原理和文化渊源等。

任务二 书写阿拉伯数字

知识课堂

一、阿拉伯数字书写的基本要求

阿拉伯数字既是数学上通用的数字,也是世界各国会计记录通用的数码字或"通用文字"。被称为会计小写数字的阿拉伯数字由 0、1、2、3、4、5、6、7、8、9 十个数字组成。它起源于印度,由阿拉伯人传向世界各地。阿拉伯数字具有笔画简单、书写方便、美观大方和易写易认的特点。

在会计工作中,阿拉伯数字与数学汉文字中的书写方法并不一致,也不相同。会计数字书写要求规范,规范化是会计数字书写的基本要求。规范化书写的会计数字既能使账证、报表一目了然,又便于汇总和分析,还能防止被人篡改。

二、阿拉伯数字书写的具体要求

阿拉伯数字的写法,过去只有印刷体,是统一字型的。手写体是根据人们的习惯和爱好去书写,没有统一的标准字体。随着经济的发展,金融、商业等部门逐步形成了一种适合其计数和计算工作需要的阿拉伯数字手写体。阿拉伯数字手写体,如图 1-1 所示。

图 1-1 阿拉伯数字手写体

(一)排列整齐有序,有一定的倾斜度

数字排列要整齐、有序,数字间的空隙要均匀,不宜过大。字体自右上方向左下方倾斜,各数字的倾斜度要一致,倾斜度的大小以笔顺书写方便、好看和易认为准。数字不宜过大也不宜过小,一般以 60 度左右的倾斜为宜,即数字的中心线和底平线通常成 60 度的夹角。

(二)由高位到低位,由左到右,顺序书写

每个数字要紧贴底线书写,但上端不可顶格,其高度约占全格的 1/2 或 2/3,以便更正。除了"6""7""9",其他数字高低要一致。书写数字"6"时,上端比其他数字高出全格的 1/4,书写数字"7"和"9"时,下端比其他数字低出全格的 1/4。

(三)书写要规范,不得连笔

阿拉伯数字书写要大小匀称,笔画流畅。每个数字独立有形,不能连笔书写,要让阅读者一目了然,特别是要连着写几个"0"时,一定要单个写,不能将几个"0"连在一起一笔写完。对于易混淆且笔顺相近的数字,书写时,尽可能按标准书写,区分笔顺,避免混同,以防涂改。

(1)"1"的书写,不可写太短,必须写直,要保持倾斜度,下端紧靠分位格的左下角,这样可防止被改成"4""6""7""9"。

(2)"2"的书写,不能写成"Z"。"2"字起笔时上半圈要略大一些,且底部上绕,以免被改成"3"。

(3)"3"的书写,在横向 1/2 处起笔,拐弯处书写流畅,起笔处至拐弯处距离稍长,若过短,易被改成"5"。

(4)"4"的书写,顶部不要封口,两斜竖成平行线。写第一笔时,应上抵中线,下至下半格的 1/4,中竖斜度应为 60 度左右。

(5)"5"的书写,分两笔流畅写出,最后一笔"—"要平直书写。

(6)"6"的书写,上半部分应斜伸出上半格的 1/4 的高度,下圆要明显,防止被改成"8"。

(7)"7"和"9"的书写,落笔可延伸至底线下面。

(8)"8"的书写,上面要稍小,下面应稍大,起笔应写成"S"型,终笔与起笔交接处应成菱角,防止将"3"改成"8"。

(9)"0"的书写,要封口,呈椭圆形,其高度、宽度和斜度与一般数字相同,下笔应从右上角逆时针方向划出,不宜过小,不留尾巴。不得写成 D 型,也不要写成 C 型,否则,易被改成"9"。

(10)"6""8""9""0"的圆必须封口。

(四)要保持个人的独特字体和书写特色

书写会计数字时,除了"4"和"5",必须一笔写成,不能人为地增加笔画。从字体上讲,既不能把这些数字写成刻板划一的印刷体,也不能把它们写成难以辨认的草字体,更不能为追求会计书写形式把它们写成美术体。

除了采用电子计算机处理会计记账业务,会计数字应用规范的手写体书写,不适用其他字体。

学中做

对照阿拉伯数字手写体,在阿拉伯数字练习表(表 1-1)中练习阿拉伯数字的书写。

表 1-1　　　　　　　　　　　阿拉伯数字练习表

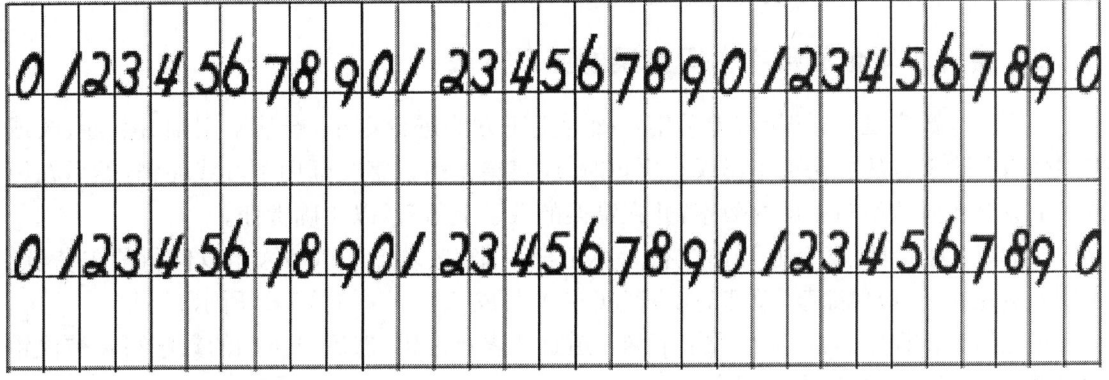

三、会计小写金额数字书写规范

(一) 货币符号的使用

小写金额数字前应当书写人民币符号"￥"。币种符号与阿拉伯金额数字之间不得留有空白。例如,数字"￥458.23"不能写成"￥ 458.23",以防数字被涂改。凡在阿拉伯金额数字前面写有人民币币种符号的,数字后面不再写"元"。例如,"￥458.23"即"人民币肆佰伍拾捌元贰角叁分",不能写成"￥458.23元"。

知识拓展

> 用阿拉伯数字表示的金额称为小写金额,书写时,应采用人民币符号"￥"。"￥"是汉语拼音文字"元"第一个字母缩写变形,它既代表了人民币的币制,又表示人民币"元"的单位。

(二) 金额角、分等辅币的写法

1. 没有数位分割线的凭证、账簿和报表

所有以"元"为单位的阿拉伯数字,除了表示单价等情况,在"元"位小数点后填写到角分;无角分的,"角""分"位可写"00"或符号"—"。例如,"人民币肆佰捌拾陆元整",应写成"￥486.00"或"￥486.—"。金额有角无分的,分位应写"0",不得用符号"—"代替。例如,"人民币肆佰捌拾陆元伍角整",应写成"￥486.50",而不能写成"￥486.5—"。只有"分"位金额数字的,在"元"位和"角"位上各写1个"0"字,并在"元"与"角"之间点1个小数点。例如,"￥0.06"。

2. 有数位分割线的凭证、账簿和报表

在填写会计凭证、登记会计账簿、编制财务报表时,数字必须要按数位填入,金额要采用"0"占位到"分"为止,不能采用画线等方法代替。只有"分"位有金额数字的,在元位、角位上均不得写"0"字;只有"角"位或"角""分"位有金额数字的,在元位上不得写"0"字;"元"位有金额数字,"角"或"分"位为"0",在相应位数写"0",不得空置或写"—"。

(三) "三位分节"书写阿拉伯数字

在书写阿拉伯数字的整数部分,可以从小数点向左按照"三位一节"用分位点","分开或空一个位置。例如,"￥8 541.23"或"￥8,541.23"。

四、会计小写金额数字书写错误的更正方法

书写会计数字发生错误时,应采用正确的更正方法进行更正,严禁采用刮、擦、涂、改或采用药水消除字迹的方法更正错误。更正时,应将错误的数字全部用单红线注销,然后在原数字上方对齐原位填写正确的数字,并在错误的数字上盖章,以明确责任。

例如,12月5日,某企业开出银行承兑汇票一张,票款56 500元,用以偿付前欠货款。会计人员在登记"应付账款"总账时误将"56 500"写成"5 650",如图1-2所示。

正确的更正程序是:在整行数字上划一道红线表示注销,然后将正确的数字写在被注销数字的上方,并加盖更正人的图章。

图 1-2 应付账款总账错误数字更正

 学中做

从外单位取得原始凭证,审核时发现原始凭证金额错误,原始凭证出具单位的会计人员在错误金额上划线,然后在数字上方写上正确数字,并在旁边加盖印章。请问这样修改凭证正确吗?

任务三　书写会计文字

 知识课堂

一、会计文字书写的基本要求

文字书写是指会计工作中与经济业务活动相联系的中文书写。文字书写包括数字的大写、企业名称、会计科目、费用项目、商品类别、计量单位以及摘要等。

(一) 简明扼要、准确完整

用简短的文字把经济业务发生的内容记述清楚,在有格线的情况下,文字数目多少,要以写满但不超出栏格为限。会计科目要写全称,不能简化,子目和细目要准确,符合会计准则和制度的规定,不能使用表述不清、记叙不准的文字。

(二) 字体规范、字迹清晰

会计人员书写会计文字时,字体要规范,用正楷或行书,不能用草书;排列要整齐,不宜过大,一般上下要留有空隙,但也不宜过小;不能过于稠密,要适当留出字距;书写流利并且字迹美观,不能大小不一。

二、中文大写金额数字标准写法

中文大写数字笔画多,不易涂改,主要用于填写需要防止涂改的销货发票、银行结算凭证和收据等,因此,在书写时要准确、清晰、工整和美观,并且不能写错。

中文大写金额数字包括数字(壹、贰、叁、肆、伍、陆、柒、捌、玖)和数位[拾、佰、仟、万、亿、

元(圆)、角、分、零、整(正)]两部分。中文大写金额数字书写通常用正楷(表1-2),或者用行书(表1-3),但书写不得连笔。

表1-2　　　　　　　　　　　　中文大写金额数字(正楷)

壹	贰	叁	肆	伍	陆	柒	捌	玖	拾
佰	仟	万	亿	元	角	分	零	整	

表1-3　　　　　　　　　　　　中文大写金额数字(行书)

壹	贰	叁	肆	伍	陆	柒	捌	玖	拾
佰	仟	万	亿	元	角	分	零	整	

会计人员在书写中文大写金额数字时,能用"另""一""二""三""四""五""六""七""八""九""十"等来代替吗?

三、中文大写金额数字书写的具体要求

(一) 大写金额数字前要加写"人民币"

有固定格式的重要凭证,大写金额数字栏一般都印有"人民币"字样,书写时,金额数字应紧接在"人民币"后面,"人民币"与金额首位数字之间不留空位,数字之间也不能留空位;大写金额数字前未印有"人民币"字样的,应当加填货币名称"人民币"字样。例如:

　　　　¥6 000.00 应写成 人民币陆仟元整(正确写法)

　　　　　　　　　　　　人民币　　陆仟元整(错误写法)

　　　　　　　　　　　　人民币:陆仟元整(错误写法)

(二) 正确运用"整"字

人民币以"元"为单位。"元"位后无"角""分"或"元"后有"角"无"分",大写金额需要以"整"字收尾。如果到分为止,分后不得写"整"字。例如:

　　　　¥927.00 应写成 人民币玖佰贰拾柒元整

　　　　¥927.60 应写成 人民币玖佰贰拾柒元陆角整

　　　　¥927.65 应写成 人民币玖佰贰拾柒元陆角伍分

(三) 正确书写小写金额数字中间的"0"

小写金额数字中有"0"时,中文大写应根据汉语语言规律、金额数字构成和防止涂改的要求进行书写。

(1) 小写金额数字中间有"0"时,中文大写金额数字要写"零"字。例如:

　　　　¥2 409.50 应写成 人民币贰仟肆佰零玖元伍角整

(2) 小写金额数字中间连续有几个"0"时,中文大写金额中间可以只写1个"零"字。例如:

¥9 007.14 应写成 人民币玖仟零柒元壹角肆分

（3）小写金额数字万位和元位是"0"，或者数字中间连续有几个"0"，万位、元位也是"0"，但千位、角位不是"0"时，中文大写金额中可以只写1个"零"字，也可不写"零"字。例如：

¥3 680.32 应写成 人民币叁仟陆佰捌拾元零叁角贰分
或写成人民币叁仟陆佰捌拾元叁角贰分

¥507 000.53 应写成 人民币伍拾万柒仟元零伍角叁分
或写成 人民币伍拾万零柒仟元伍角叁分

（4）小写金额数字角位是"0"，而分位不是"0"时，中文大写金额"元"后面应写"零"字。例如：

¥26 409.02 应写成 人民币贰万陆仟肆佰零玖元零贰分

（四）数位前必须有数量字

表示"位"的文字前必须冠有对应的数量字"壹""贰""叁"……"玖"，特别是小写金额数字最高位是"1"时，大写金额数字前面必须写上"壹"字，以防被篡改。例如：

¥12.33 应写成 人民币壹拾贰元叁角叁分
不可写成 人民币拾贰元叁角叁分

（五）固定格式的书写规则

在印有大写金额"万""仟""佰""拾""元""角""分"位置的凭证上书写大写金额时，金额前如有空位可划"⊗"注销。小写金额数字中间有几个"0"（含分位），中文大写金额数字就写几个"零"。例如：

¥200.50 中文大写金额写成 人民币⊗万⊗仟贰佰零拾零元伍角零分

（六）票据的出票日期和金额书写规定

票据的出票日期必须使用中文大写，为防止票据的出票日期被变造，在填写票据月、日时，月为壹、贰和壹拾的，日为壹至玖和壹拾、贰拾和叁拾的，应在其前加"零"，日为拾壹至拾玖的应在其前加"壹"。

例如，2022年1月12日，东发标准件制造有限公司收到华都投资有限责任公司的转账支票，如图1-3所示。

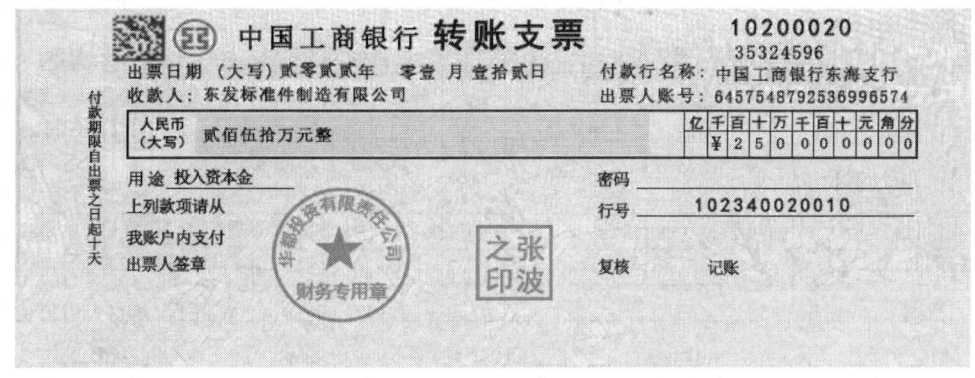

图1-3 转账支票

 小提示

票据出票日期使用小写金额填写的,银行不予受理;大写日期未按要求规范填写的,银行可予受理,但由此造成的损失由出票人自行承担。

票据和结算凭证上的金额、出票和签发日期、收款人名称不得更改,更改的票据一律无效。票据和结算凭证上的金额以中文大写金额数字和小写金额数字同时记载的,两者必须一致,否则,票据无效,银行不予受理。

票据和结算凭证一旦写错或漏写了数字,必须重新填写,不能在原凭单上更改,以确保数字真实、准确、及时和完整。

四、会计摘要的书写要求

(一)"摘要"含义

"摘要"是指对经济业务的简要介绍,包括记账凭证摘要和账簿摘要。"摘要"需要用文字或数字对经济业务内容进行简括说明,是填制会计凭证、登记会计账簿和编制财务会计报告的一项重要内容。写好会计摘要是会计记账的基础工作之一,也是后期查账和审计的重要依据。

(二)"摘要"书写的基本要求

在填写"摘要"时,既要简明,又要全面、清晰,应以说明问题为主。以原始凭证为依据,写"物"要有品名、数量和单价,写"事"要有过程。银行结算凭证,要注明支票号码、去向;送存款项,要注明现金、支票和汇票等。遇有冲转业务,不应只写冲转,应写明冲转某年、某月、某日、某项经济业务和凭证号码,不能只写对方账户。要求"摘要"能够正确、完整地反映经济活动和资金变化的来龙去脉,切忌含糊不清。手写时,字体占格的 1/2 为宜,字迹与文字书写要求相同。

例如,12 月 31 日,某企业本月产品完工入库,其中:甲产品 400 件,乙产品 500 件。填制记账凭证时摘要栏可以写成"产品完工入库",如图 1-4 所示。

记 账 凭 证

2×21 年 12 月 31 日　　　　记字第 16 号

摘　　要	总账科目	明细科目	记账符号	借方金额 千百十万千百十元角分	贷方金额 千百十万千百十元角分	附单据
产品完工入库	库存商品	甲产品		1 7 0 0 0 0 0		
	库存商品	乙产品		1 3 7 7 0 0 0		2张
	生产成本	甲产品			1 7 0 0 0 0 0	
	生产成本	乙产品			1 3 7 7 0 0 0	
合　　计				¥ 3 0 7 7 0 0 0	¥ 3 0 7 7 0 0 0	

财务主管:　　　记账:　　　审核:　　　出纳:　　　制单: 黎敏

图 1-4　记账凭证

(三) 更正错账摘要栏的填写

根据《会计基础工作规范》的要求,对记账后的记账凭证,会计人员发现会计科目记录有错误的,用红字冲销的原错误凭证的摘要栏应写"注销某月某日某号凭证";对只有金额存在错误的会计凭证,在编制调整数字差额的凭证时,摘要栏可以写成"更正某月某日某号凭证"。如果所更正的是往年的错误凭证,在"某月某日"前面须加上"某年"。值得注意的是,在注销或更正某张错误凭证的同时,还应在被修改记账凭证的摘要栏下面手工注明"该凭证在某月某日某号凭证上已更正"的标记,表明该凭证已被更正完毕。

总之,记账凭证摘要栏的填写虽不像会计科目那样有严格、规范的标准,但作为会计人员,应努力提高自己对会计业务事项的表达和概括能力,力求使记账凭证摘要栏的填写标准和规范。

五、中文大写金额数字错误的更正方法

中文大写数字通常是在填写发票、支票等重要凭证时使用的。一旦书写错误,一般应另行填写新的凭证,写错的凭证随时注销作废,但不能随便丢弃,应当妥善保管。如因其他原因不能更换写错的凭证时,应采用划线更正法更正写错的中文大写数字。

知识拓展

会计电子书写技能

1. 会计小写金额数字书写

在用阿拉伯数字填写金额时,在金额首位数之前加一个"¥"符号,既可防止在金额前添加数字,又可表明是人民币金额。"¥"的电子书写可采用如下方法输入:将语言栏选择切换到中文状态(如搜狗输入法),然后按键盘"Shift+4"组合键,则中文状态是"¥",英文状态是"$"。

2. 中文大写金额数字书写

例如,输入大写"叁佰伍拾捌",可以采取如下方式输入:在搜狗输入法中文状态下输入"V",然后用数字小键盘输入需要大写的数"358",再输入"B",即写成"叁佰伍拾捌"。

3. 中文大写日期书写

例如,输入大写日期"贰零贰叁",可以采取如下方式输入:在搜狗输入法中文状态下输入"V",然后用数字小键盘输入需要大写的数"2023",再输入"D",即写成"贰零贰叁"。

课后练习

一、练习阿拉伯数字的书写方法

(一) 资料

"0"至"9"十个阿拉伯数字。

(二) 要求

按照规范的账簿书写格式,在财会数字书写表(表1-4)中完成数字练习。

提示：①贴底线；②1/2行高；③60°左右倾斜；④"7"和"9"左下方过底线；⑤"6"向右上方比一般数字高出1/4格。

表1-4　　　　　　　　　　　财会数字书写表

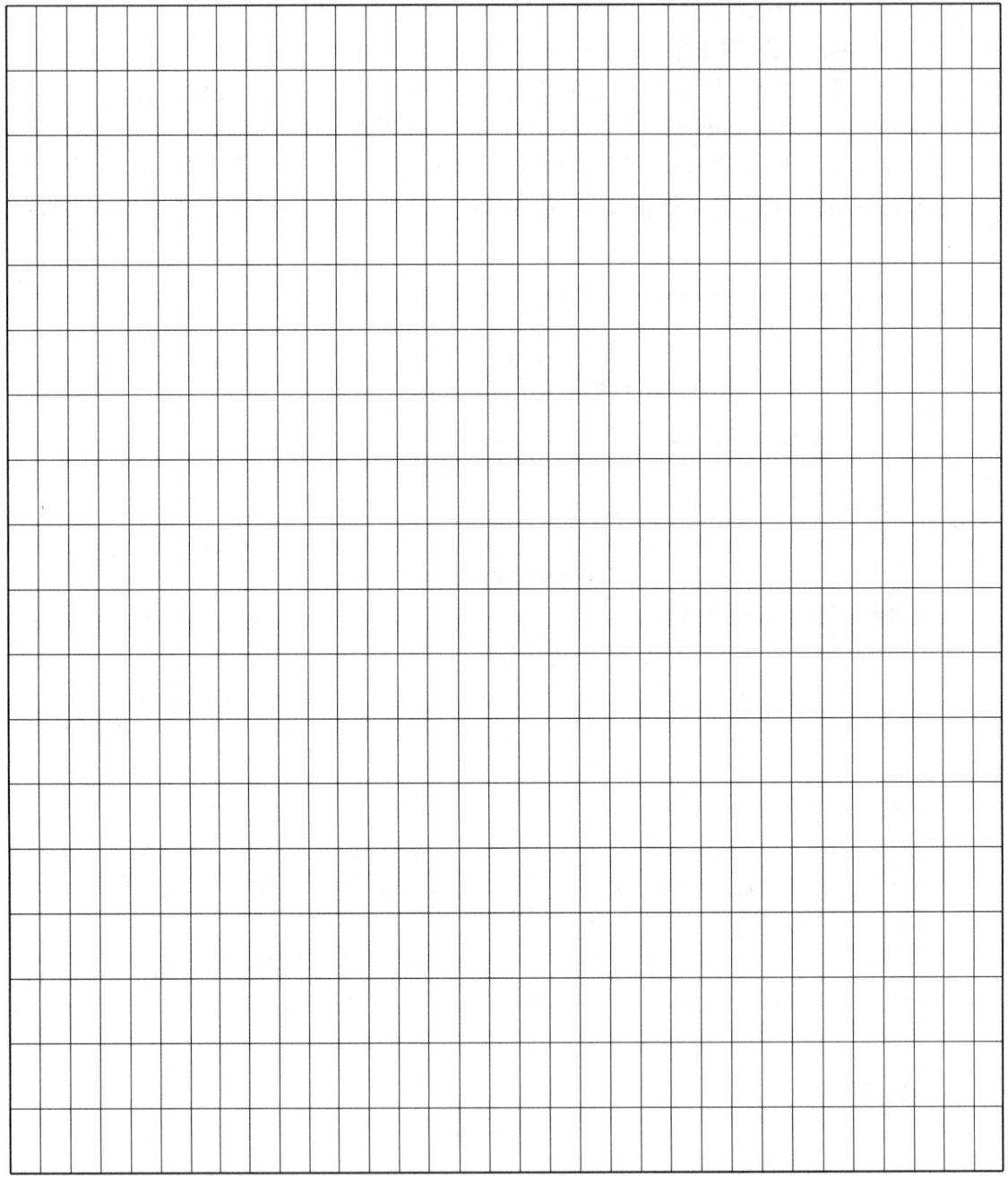

二、练习小写金额数字书写错误的更正方法

（一）资料

小写金额数字正确和错误对比表，如表1-5所示（表中第二列为正确数字，第三列为错

误数字）。

（二）要求

采用划线更正法订正表中错误数字。

表 1-5　　　　小写金额数字正确和错误对比表

序号	正确数字									错误数字								
1	百	十	万	千	百	十	元	角	分	百	十	万	千	百	十	元	角	分
2						6	4	2	9						4	6	2	9
3			2	3	5	7	4	0	0			2	5	3	7	4	0	0
4				9	8	7	6	5	4				9	8	7	6	4	5
5					4	6	3	2						6	4	2	3	
6					4	9	5	2	1					4	9	5	1	2
7			4	7	5	5	3	2	4			4	7	5	5	3	3	4
8		9	8	7	7	3	2	1	4		9	8	7	7	3	2	4	1
9			4	5	7	3	2	4	0			4	5	3	7	2	4	0
10					4	6	3	2	1					4	6	3	1	2
11							2	4	9							9	2	4
12						8	9	2	3							9	8	2	3
13					6	5	4	3	9					6	4	5	3	9

三、练习中文大写金额数字的书写

（一）资料

中文大写金额数字练习表，如表 1-6 所示。

表 1-6　　　　中文大写金额数字练习表

壹									
贰									
叁									
肆									
伍									
陆									
柒									
捌									
玖									
零									
元									

（续表）

角								
分								
拾								
佰								
仟								
万								
亿								

（二）要求

练习中文大写数字的书写。

四、练习大小写金额数字的书写

（一）资料

20×2年12月，某企业库存现金发生额，如表1-7所示。

表1-7　　　　　　　　　　某企业12月库存现金发生额

没有数分位分割线	小写金额栏								大写金额栏
	有数分位分割线								
	十	万	千	百	十	元	角	分	
10.23									
0.08									
1 235.69									
15 000.00									
46 580.25									
5 897.30									
55 696.36									
10 200.60									
18.04									

（二）要求

请将金额的大小写数字按要求填写在表1-7中。

项目二　电子计算工具的应用技能

 项目描述

电子计算器和电子计算机是会计业务工作不可或缺的两种办公设备,熟练掌握其操作方法并利用这些设备完成数据处理是会计工作者必备的技能。数据录入的速度和准确性,直接影响会计工作的效率和质量。数据录入技能的训练是会计技能训练的重要组成部分。本项目主要介绍电子计算器和电子计算机基本知识以及利用这些设备录入数据的技能。

 项目目标

知识目标

1. 掌握电子计算器的功能。
2. 熟悉电子计算机键盘键位分布及常用键位的功能。
3. 熟悉数字小键盘的使用技巧。
4. 掌握汉字录入技术。

能力目标

1. 熟练使用计算器进行数据运算。
2. 熟练使用电子计算机小键盘进行数据录入和运算,掌握数字盲打技术。
3. 熟练运用一种中文输入法准确、快速地录入汉字。

素质目标

1. 培养学生勤奋好学的优良品质。
2. 培养学生守正创新的思维。

 思维导图

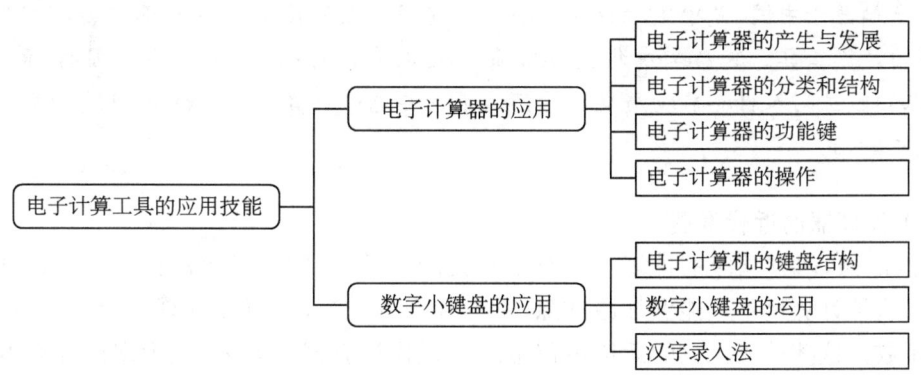

 项目导入

成语"事半功倍"

战国时期,各国之间战事连绵,干戈不息,民不聊生。孟子认为,周文王仅以方圆百里的小国为基础,施行仁政,战胜了残暴无道的商纣王,夺取了整个天下。夏、商、周三朝兴盛时,国土面积并不大,但现在的齐国却疆域辽阔,地广人多,拥有百万兵车。如果能施行仁政,那么老百姓的喜悦之情,就会像被倒悬着的人得到解救一样。(出自《孟子·公孙丑》)

事半功倍的意思是花一半力气,收到成倍效果;做事得法,费力小,收效大。电子计算机和电子计算器是人们日常使用得最多的办公设备。这些设备看似简单,实际上存在很多应用技巧。要快速、准确地完成数据的输入、计算,除了熟悉其功能,还需要掌握一定的方法,然后通过刻苦训练,达到事半功倍的目标。

任务一 电子计算器的应用

 知识课堂

一、电子计算器的产生与发展

电子计算器是人类所发明的一种能够进行数字演算操作的机械。现代的电子计算器是一种可以进行数字计算的便携式电子设备。它采用了集成电路,结构比电子计算机简单,虽然性能远不如电子计算机,但因价格低廉,使用方便,在现代生活中被广泛使用。

(一)计算器的产生

筹策是世界上最早的计算工具,产生于中国,它是中国古代最早采用的一种计算工具,又称算筹。直到今天仍在使用的算盘,就是中国古代计算工具领域中的一项发明。经过改进,明代使用的算盘已经与现代的算盘几乎相同。

 学中思

算盘起源于中国,是中国古代的一项重要发明。在阿拉伯数字出现前,算盘是世界广为使用的计算工具。算盘是中华民族宝贵的文化遗产之一,曾被誉为中国的"第五大发明"。珠算已被列入世界非物质文化遗产名录。在电子计算机被广泛运用的今天,珠算还有用武之地吗?

(二)计算器的近代发展

17世纪初,西方国家的计算工具有了较大的发展,英国牧师奥却德发明了计圆柱型对数算尺。这种计算尺不仅能做加减乘除、乘方和开方运算,还可以计算三角函数、指数函数和对数函数。这些计算工具的运用不仅带动了近代计算器的发展,也为现代计算器成为被广泛应用的计算工具奠定了良好的基础。

1642 年，法国科学家帕斯卡发明了第一部机械式计算器。但是，该计算器只能做加减计算。1694 年，莱布尼兹在德国将其改进成可以进行乘除运算的计算工具。此后，一直要到 20 世纪 50 年代末才有电子计算器的出现。

20 世纪 70 年代开始，微处理器技术被吸纳进计算器制程。1972 年，惠普公司推出了第一款掌上科学计算器 HP-35，由此，电子计算器进入了一个新的发展阶段。

二、电子计算器的分类和结构

（一）电子计算器的分类

电子计算器根据功能不同，可以分为以下三类。

1. 算术型电子计算器

算术型电子计算器又称一般型电子计算器。它可以进行加、减、乘、除等简单的四则运算。

2. 科学型电子计算器

科学型电子计算器又称函数型电子计算器。它不但具有一般计算器的功能，而且还可以进行乘方、开方、指数、对数、三角函数和统计方面的运算。

3. 程序型电子计算器

程序型电子计算器又称高级计算器。它除了具有科学计算器的功能，还具有解微分方程、积分方程和代数方程等功能，广泛应用于程序设计。

不同类型的计算器虽然功能有所不同，但是本质上还是为了进行相关数字方面的运算。

（二）电子计算器的结构

电子计算器通常由显示屏、功能键、内存和运算器四部分构成。

1. 显示屏

显示屏一般为液晶屏，通常置于电子计算器的上方，用以显示功能键输入的数据、运算标记符号、运算结果以及其他一些特殊的功能等。

2. 功能键

功能键（即按键）通常置于电子计算器正面显示屏的下方，用以输入各种计算指令以及需要计算的各种数据。不同类型的电子计算器，其功能键的数量和排列位置会略有不同。

3. 内存

内存置于电子计算器的内部，用以存储计算指令和需要计算的各种数据，以及运算器送来的各种运算结果。

4. 运算器

运算器置于电子计算器的内部，是电子计算器的运算装置，是对数据信息进行加工和处理的部件。它的主要功能是在控制器的控制下，完成各种运算。

三、电子计算器的功能键

使用电子计算器时，需要通过按键输入要计算的内容。熟悉电子计算器的功能键，是方便、快捷地使用电子计算器的关键。本任务只介绍算术型电子计算器，如图 2-1 所示。

图 2-1 算术型电子计算器

(一) 电子计算器常用按键

1. 开关机键(ON/AC)

在关机状态下按此键可以打开计算器电源；在开机状态下按此键可以清除所有计算结果并显示"0"。有的电子计算器有"ON/AC"键，按一次屏幕显示"0"，为开机；再按一次屏幕数字消失，为关机。

2. 输入键

数字键从"0"开始依次排列，至"9"结束。有些电子计算器上还会有"00"键，可以实现快速增零的作用，能够提高运算的速度和效率。算术计算器除了几个基本输入键，还有"."键，在输入小数时使用。不同电子计算器的数字键排列可能会有所不同，有的自上而下依次排列，有的则相反。

3. 运算符号键

电子计算器上的运算符号键包括"＋""－""×(＊)""÷(/)"。每个运算符号具有自己的运算功能，但往往不能连续进行混合运算。一般计算器不会遵循"先乘除，后加减"的运算法则，而是按照输入顺序进行计算。例如，当计算"100＋10×5"时，若按顺序输入，计算结果将是"550"，而不是"150"。在这种情况下，就需要用到其他功能键。

 小提示

注意，"＋""－""×(＊)""÷(/)"键在计算时都可能代替"＝"键，输出运算结果。

4. 等号键(＝)

电子计算器每完成一次运算，需要按电子计算器上的"＝"键。电子计算器会将结果显示出来，"＝"键的作用在于输出电子计算器的运算结果。如果没有按下"＝"键，电子计算器会一直等待输入，直到按下"＝"键或者其他的操作符号才会开始计算。例如，当在电子计算

器上输入"2+3",然后按下"="键,电子计算器会根据输入完成加法运算,输出计算结果"5"。同样,如果输入了一个更复杂的算式,例如,"(2+3)×4÷2",按下"="键后,电子计算器就会按照正确的运算顺序进行计算,并将结果显示在屏幕上。

(二) 清除键

1. "C"键

电子计算器上的"C"键,是指清除。不论电子计算器在什么情况下,只要按下"C"键都会回到初始状态"0"。

例如,在输入两位数后按"C"键,就会回到原始状态,在计算到一半的时候按下"C"键,同样会回到原始状态"0"。

2. "AC"键

电子计算器上的"AC"键,是指全部清除,即把输入电子计算器的内容全部清除归"0"。

3. "CE"键

电子计算器上的"CE"键,是指"只清除当前这步输入的数字,可重新输入"。在进行连加连减的运算时,如果输入错误,只需要按"CE"键,清除最近输入的数字,即可把数据退回到正确的位置。例如,计算"16+31"时,当输入"16"按下"+"键后,错把"31"输成"41",此时按下"CE"键,就可清除输入的"41",电子计算器内存仍保留"16",继续输入正确的数字"31",按"="键,电子计算器输出运算结果"47"。

4. "MC"键

电子计算器上的"MC"键,是指清除存储器中的数据,也就是将目前记忆的数字"归零"。

(三) 累计显示键

1. "M+"键

电子计算器上的"M+"键,是记忆加法键,又称累加键。"M+"键具有三项功能:

(1) 计算结果并加上已经储存的数据。

(2) 用作记忆功能,可以连续追加,把目前显示的值存放在存储器中。

(3) 中断数字输入。

例如,晓丽在超市购买办公用品:5 支笔,每支 1.5 元;2 个文具盒,每个 8.5 元;5 本笔记本,每本 12 元。请问晓丽需要支付多少元?

根据晓丽购买办公用品数量和单价,列出的算式为"5×1.5+2×8.5+5×12"。采用电子计算器的计算过程如下:

(1) 输入"5×1.5"。

(2) 按下"="键,屏幕显示计算结果"7.5"。

(3) 按下"M+"键,结束输入,屏幕上显示英文"MEMORY"或"M"。

(4) 继续输入"2×8.5",按下"="键,屏幕显示计算结果"17"。再次按下"M+"键,结束输入,屏幕上显示英文"MEMORY"或"M"。

(5) 继续输入"5×12",按下"="键,屏幕显示计算结果"60"。再次按下"M+"键,结束输入,并存储。

(6) 按下"MRC"键调出总和,得到计算结果"84.5"。若再次按下"MRC"键,将会清除计算器内部的记忆储存,屏幕上的"MEMORY"或"M"字样消失。

2. "M－"键

电子计算器上的"M－"键,是记忆减法键,又称累减键。"M－"键具有两项功能:

(1) 计算结果并用已储存的数字减去目前的结果。

(2) 从存储器数据中减去当前显示值。

例如,晓丽在商店购买一个文具盒,金额15元;一盒中性笔,金额13元,交给售货员50元。请问售货员应找回多少?

根据晓丽购买办公用品数量和单价,列出的算式为"50－(15+13)"。采用电子计算器的计算过程如下:

(1) 输入数字"50"。

(2) 按下"M+"键,结束输入,将数字"50"存储起来,屏幕上显示英文"MEMORY"。

(3) 继续输入"15+13",按下"M－"键,结束输入,屏幕显示计算结果"28"。

(4) 按下"MRC"键(用储存的数字"50"减去目前的结果"28"),屏幕显示计算结果"22"。

> 晓丽和晓华去汉堡店吃饭,两人共点了鸡腿堡2个,每个7.5元;鸡肉卷2个,每个8.6元;薯条2包,每包6.5元;可乐2杯,每杯5元。结账时,晓华交给服务生100元。请问服务生应找多少?

(四) 存储读出键

1. "MR"键

电子计算器上的"MR"键,是记忆恢复键,可调用存储器中的数据,在显示栏中显示存储的数字。按下此键,可使存储在"M+"或"M－"中的数据显示出来,或同时参加运算,数字仍保存在存储器中(在未按下"MC"键前有效)。

例如,计算(32+26)+(48－12)+(35×3)。

根据算式采用电子计算器的计算过程如下:

(1) 输入"32+26",然后按"="键,再按"M+",存储数据。

(2) 输入"48－12",然后按"="键,再按"M+",存储数据。

(3) 输入"35×3",然后按"="键,再按"M+",存储数据。

(4) 按下"MR"键调出总和,得到计算结果"199"。若再次按下"MRC"键,将会清除计算器内部的记忆储存,屏幕上的"MEMORY"字样消失。

2. "MRC"键

电子计算器上的"MRC"键,是"MC"和"MR"键的功能组合键,第一次按下此键将调用存储器内容,第二次按下将清除存储器内容。

> "MC"键和"MR"键是和"M+"键和"M－"键配合使用的。

3. "GT"键

电子计算器上的"GT"键,是指"累加总数之和"。当按下"="键得到的计算结果后,再按下该键,计算结果会被累计。然后,可以开始计算下一步运算,再次按下该键,即可将两次的计算结果累加。

例如,晓丽去超市购买学习用品:笔记本 5 本,每本 4.5 元;活页本 3 本,每本 7.9 元;中性笔 20 支,每支 1.20 元;橡皮擦 5 块,每块 2.6 元。请问超市应收多少钱?

根据晓丽购买学习用品的数量和单价,列出的算式为"5×4.5+3×7.9+20×1.2+5×2.6",采用电子计算器的计算过程如下:

(1) 输入"5×4.5",然后按"="键,再按"GT"键。
(2) 输入"3×7.9",然后按"="键,再按"GT"键。
(3) 输入"20×1.2",然后按"="键,再按"GT"键。
(4) 输入"5×2.6",然后按"="键,再按"GT"键。
(5) 得到计算结果"83.2"。

> 如何利用电子计算器计算 30×5+40×2+56×3+22×4?

注意:计算连加时,可以不使用"MRC"键,而是使用"GT"键求和,这样更简单快捷。

4. "MU"键

按下电子计算器上的"MU"键,能快速完成利率、税率、变化率和标价等的计算。"MU"键使用方法如下:

(1) 加法:输入 A+B 之后按"MU"键,其计算公式为 100+A÷B×100。
(2) 减法:输入 A-B 之后按"MU"键,常用于变化率的计算,其计算公式为(A-B)÷B×100。
(3) 乘法:输入 A×B 之后按"MU"键,常用于加价的计算,其计算公式为 A+A×B%。
(4) 除法:输入 A÷B 之后按"MU"键,常用于标价的计算,其计算公式为 A÷(1-B%);当再次按下"MU"键,可得到利润值,其计算公式为 A÷(1-B%)-A。

例如,某件商品成本为 100 元,按照 12% 的利润进行标价。请问售价应该是多少元?

采用电子计算器的计算过程如下:

(1) 输入"100÷12"之后按下"MU"键。
(2) 得到计算结果"113.64"。

> 某企业 20×2 年实现利润额 582 万元,20×3 年实现利润额 633 万元。请问该企业的利润增长了百分之几?

5. "%"键

电子计算器上的"%"键,是指求百分比。

例如，依次输入"60÷100"，按"％"键，再按"＝"键，得到计算结果就是"60"。这个结果是把求出的结果按百分比的形式表示出来，即60％，这里只显示出了百分号外的部分。

> 电子计算器的"％"键除了上述功能，还具有如下功能：
> （1）可以按百分比形式显示乘积结果。例如，输入"50"，然后按"＊"键，再输入第二个数"25"，再按"％"键，得到计算结果"12.5"。
> （2）可以执行带百分号的计算。例如，输入一个数"50"，然后按"＋"键，再输入第二个数"25"，然后按"％"键，得到计算结果"62.5"。

不同类型的电子计算器的计算功能是不同的。即使同类型的电子计算器，生产厂家、品种和型号不同，其外部结构、功能键、名称及键位分布也不完全相同。因此，对电子计算器各个功能键的认识需要以说明书为准。

四、电子计算器的操作

前面介绍了电子计算器键盘的按键排列规律，为了更好地输入数据，得到正确结果，提高工作效率，下面介绍电子计算器操作要领。

（一）电子计算器的放置

使用电子计算器时，应将其平稳地放置在桌面上，置于操作人员右手边感觉舒适的地方，以便操作人员左手翻阅传票或资料，右手录入数字。电子计算器放置好后，不要随意移动，以免按键时晃动和滑动，影响速度和准确率。

（二）操作人员的坐姿

进行运算时，操作人员须将身体坐正，双腿自然放平，腰要直，手要低，坐姿要自然、舒适，眼睛俯视单据上的数据。

（三）操作人员的握笔姿势

为了在运算过程中省去拿笔放笔的时间，提高计算效率，操作人员可以选择右手握笔。将笔横握于右手掌心，用无名指和小指夹住笔，笔尖在外，笔杆的上端伸出虎口。

（四）计算器的盲打

1. 电子计算器基本键位

准备录入时，操作人员的右手自然地放在电子计算器上，手腕和手肘成一条线，手掌成半握拳状态。右手手指放在小键盘的起始位置，食指对应"4"，中指对应"5"，无名指对应"6"，大拇指对应"0"，小指对应"＋"。

2. 正确指法

（1）数字键"5"作为键盘的中心点。
（2）中指负责"5"这一列的数据，即"00""2""5""8"四个键。
（3）无名指负责"．""3""6""9"四个键。
（4）小指负责"＋""－""＝"三个键。
（5）食指负责"0""1""4""7"四个键。

当计算处于等待状态或结束状态时,操作人员的手指相应放在"4""5""6"3个键的上方,数据敲击完成时,操作人员的手指要回到相应的按键等待。使用时,计算器要放置平稳,防止按键时晃动而导致未按或重复按键的情况。

(五) 操作人员置数

操作人员注意力要高度集中,做到眼到手到。要求分节看数,分节置数,置数时做到"看数不看键"。

(六) 计算答案的书写

书写计算答案时,要眼看显示屏,右手不停地将答案从高位到低位逐位抄下来。

数字的录入是会计的基本功,会计必须练就盲打能力。日常训练时,要熟记键位,严格按手指分工进行盲打练习。如果还不具备盲打技能,可以先从基本位"4""5""6"练习起,再延展到其他键位。每一次打完数字后,食指、中指和无名指都要分别回到"4""5""6"基本键位上。手掌上下浮动,带动手指敲击键盘。手指微贴键盘有节奏地敲击,不要时快时慢甚至停留。养成良好的指法习惯,对以后提高速度极为重要。

运用计算器基本指法训练表(表 2-1)中的数字,进行指法训练。

表 2-1　　　　　　　　　　计算器基本指法训练表

28350	32569	12398	47598	33257	45789	32343	36974	45892	33201
32569	14730	21398	47589	32567	01256	18902	75301	95367	44879
32598	54930	75309	85632	94530	43697	59873	33256	96870	17892
45897	65873	27852	36987	00258	37892	98321	33269	32589	14789
33216	79684	98730	02869	36978	69874	89752	33256	23697	15879
44897	32590	32567	98763	56792	32569	55897	33690	41568	51296

任务二　数字小键盘应用

一、电子计算机的键盘结构

键盘是输入命令和数据的主要设备,操作人员常常通过键盘向电子计算机输入数据、程序或控制命令。

各类电子计算机键盘结构略有不同,键盘及键位有所差别。一般情况下,键盘分功能键区、主键盘区、编辑键区、小键盘区 4 个区域。下面以 104 键盘为例介绍键盘结构,如图 2-2 所示。

图 2-2　电子计算机键盘

电子计算机键盘常用键功能,如表 2-2 所示。

表 2-2　　　　　　　　　　电子计算机键盘常用键功能

区域分布	常用键位	功能	备注
功能键区	Esc	取消	不同软件中,功能不一
	F1	打开当前软件的帮助	
	F2	重命名	
	PrtScSysRq	打开截图	
	PauseBreak	暂停	
主键盘区	Ctrl	一般无法单独使用,需要和其他键组合使用	Ctrl+A 全选,Ctrl+C 复制;Ctrl+F 查找,Ctrl+X 剪切;Ctrl+S 保存,Ctrl+V 粘贴
	Windows 徽标键	开始	
	Alt	显示当前软件的菜单栏	Alt+F4 关闭,Alt+TAB 切换窗
	空格键	打字时可以输出当前文字	
	Shift	上档转换键	
	CapsLock	锁定大小写字母	
	Tab	制表	
	BackSpace	删除光标前边的内容	
	Enter	回车	
编辑键区	Insert	插入字符开关	
	Delete	删除	
	Home	行首	
	End	行尾	
	PageUp	上翻页	
	PageDown	下翻页	
	← ↑ → ↓	光标移动	

(续表)

区域分布	常用键位	功能	备注
小键盘区	数字键	输入数字	
	运算符号键	运算	

二、数字小键盘的运用

电子计算机数字录入方式有两种：一种是利用主键盘区的第一排数字键录入；另一种是利用数字小键盘上的数字键录入。显然，采用数字小键盘录入，操作更方便、更快速。

（一）数字小键盘的结构

数字小键盘基本都位于电子计算机键盘右侧，如图2-3所示。数字小键盘主要用于快速录入数字。它由四则运算符号"＋""－""＊""/"键、"Enter"键、"."键、"0"～"9"十个数字键和"NumLock"键等五部分组成。

数字小键盘区的大部分按键都具有双重功能：一是代表数字和小数点；二是代表某种编辑功能。通过左上角的"NumLock"数字键，可在两种功能之间进行转换。功能键主要有"Home"键、"PgUp"键、"PgDn"键、"End"键、"Ins"键、"Del"键和光标移动键(←→↑↓)等。

图2-3　数字小键盘

（二）数字小键盘的基本指法

1. 指法定位

数字小键盘的指法定位，如图2-4所示。定位时，将右手食指放在"4"键上，中指放在"5"键上，无名指放在"6"键上，拇指放在"0"键上。以中指的数字"5"键为基准（又称盲点键），其他两指（食指和无名指）两侧排列。数字"4""5""6""0"称为原位键。

食指	中指	无名指	小指
Num Lock	/	*	—
7 Home	8 ↑	9 PgUp	+
4 ←	5	6 →	
1 End	2 ↓	3 PgDn	Enter
0 Ins（拇指）		. Del	

图 2-4　数字小键盘的指法定位

运用数字小键盘基本指法训练表（表 2-3）中数字，熟悉数字小键盘基本键位。

表 2-3　　　　　　　　　　数字小键盘基本指法训练表

456	465	444	564	564	555	565	666	645	656	655	654
445	446	464	465	445	446	546	545	565	564	644	645
664	665	554	556	664	666	665	646	566	464	546	456
445	656	554	466	464	446	465	455	464	456	466	566

2. 指法分工

食指负责"NumLock""7""4""1"列；中指负责"/""8""5""2"列；无名指负责" * ""9""6""3"列；小指负责"－""＋""Enter"列；拇指只负责"0"键。

利用数字小键盘完成数字输入

竖排键位训练：
(1) 录入"1""4""7"键，连加 10 次再减 10 次，最后归 0。
(2) 录入"2""5""8"键，连加 10 次再减 10 次，最后归 0。
(3) 录入"3""6""9"键，连加 10 次再减 10 次，最后归 0。

横排键位训练：
(1) 录入"4""5""6"键，连加 10 次再减 10 次，最后归 0。
(2) 录入"7""8""9"键，连加 10 次再减 10 次，最后归 0。
(3) 录入"1""2""3"键，连加 10 次再减 10 次，最后归 0。

3. 功能转换

数字锁定"NumLock"键，位于数字小键盘区的左上角，是数字小键盘的功能转换键。当按下该键，数字小键盘上方指示灯亮时，可使用数字小键盘的数字键录入数据；再按一次"NumLock"键，指示灯灭时，数字键只能作为光标移动键使用。

指法练习不能盲目，操作人员应清楚自己的水平，要有明确的目标。只有指法要领正确，目标明确，操作速度才能越来越快。否则，只会适得其反。青年是国家未来，只有树立崇高的理想信念，建立正确的价值观和人生观，才能理解人生的意义、奋斗的价值以及做什么样的人等重要的人生课题。

三、汉字录入法

（一）初识汉字录入法

中文输入法又称汉字输入法，是指为了将汉字输入电子计算机或手机等电子设备而采用的编码方法，是中文信息处理的重要技术。中文输入法的发展，经历了单字输入、词语输入和整句输入三个阶段。汉字输入法编码可分为音码、形码、音形码、形音码和无理码等。目前，广泛使用的中文输入法有拼音输入法、五笔字型输入法、二笔输入法和郑码输入法等。在 Windows 系统中常用的输入法有搜狗拼音输入法、搜狗五笔输入法、百度输入法、谷歌拼音输入法和 QQ 拼音输入法等。下面以搜狗拼音输入法为例，介绍汉字录入方法。

（二）搜狗拼音输入法

搜狗拼音输入法是 2006 年 6 月由搜狐公司推出的一款 Windows 平台下的汉字拼音输入法，至今已推出多个版本。搜狗拼音输入法采用了搜索引擎技术，在词库的广度和词语的准确度上为汉字录入提供了便利。

1. 全拼输入

全拼输入是汉字输入法中最基本的方式。在全拼输入法下，只需用 Ctrl+Shift 键，即可切换到搜狗拼音输入法，在输入窗口输入拼音，然后依次选择字或词即可。选择汉字时，可以用默认的翻页键"（上一页）""（下一页）"进行翻页选择。例如，录入"会计凭证"，在录入窗口输入"kuaijipingzheng"即可。

2. 简拼输入

简拼输入是指使用声母或声母的首字母录入的一种方式。有效利用简拼，可以提高汉字录入速度。例如，录入"会计凭证"，在录入窗口输入"kjpz"即可。

搜狗拼音输入法支持简拼和全拼的混合输入。例如，录入"会计凭证"，可在录入窗口输入"kjipz"或"kjpingz"。简拼时，候选词过多，输入时可以采用简拼和全拼混用的模式，兼顾最少输入字母和提高输入效率。

3. 双拼输入

双拼输入是指用定义好的单字母代替较长的多字母韵母或声母录入的一种方式。例如，如果 T=t,M=ian,键入"T""M"，就等同于输入拼音"tian"。使用双拼输入法，可以减少击键次数。但是,需要记忆字母对应的键位,在操作熟练后,汉字输入效率会有一定的提高。

 知识拓展

特殊拼音的双拼输入规则

对于单韵母字,需要在前面输入字母"o"+韵母。例如,输入韵母"A",需要输入"o"+"A";输入韵母"o"时,需要输入"o"+"o";输入韵母"E"时,需要输入"o"+"E"。

自然码双拼方案和自然码输入法的双拼方式一致。对于单韵母字,需要输入双韵母。例如,输入"A"时,需要输入"A"+"A";输入韵母"o"时,需要输入"o"+"o"。

4. 拆字辅助方式

使用拆字辅助方式录入,可以快速定位到单字,方便快捷。例如,输入汉字"娴",但"娴"字排列非常靠后,查找困难。对此,可以先输入"xian",然后按"tab"键,再输入"女"和"闲"的首字母"n""x",这时显示条就只剩下"娴"字。

 小提示

独体字不能被拆成两部分,所以,独体字没有拆字辅助码。

5. "U"模式

"U"模式是搜狗录入法专门为使用者录入不会读的字所设计的。使用者按"U"键后,录入笔画拼音首字母或组成部分拼音,即可得到想要的字。

"U"模式下的具体操作包括笔画录入和拆分录入两种。

(1) 笔画录入。笔画录入是指通过录入文字构成笔画的拼音字母,即可得到需要的汉字。例如,"木"字由横(h)、竖(s)、撇(p)和捺(n)四笔构成,按顺序输入"u"+"h"+"s"+"p"+"n",即可找到"木"字。

(2) 拆分录入。拆分录入是指将一个汉字分成多个组成部分,分别录入各部分的拼音,即可得到对应的汉字。例如,使用"U"模式拆分,"窈"可以拆分为"穴"和"幼"字,输入"U"+"xue"+"you",即可得到"窈"字。

6. "V"模式

"V"模式是转换和计算的功能组合。该模式仅在全拼状态下使用。使用双拼方式录入汉字会占用"V"键,在双拼录入方式下需要按"Shift"+"V",进入"V"模式。其具体功能如下:

(1) 中文数字金额大小写转换。例如,输入"V"+"424.52",可输出"肆佰贰拾肆元伍角贰分"。

(2) 罗马数字转换。输入 99 以内的数字,可输出相应的罗马数字。例如,输入"V"+"12",可输出"Ⅻ"。

(3) 年份自动转换。例如,输入"V"+"2008.8.8",可输出"2008 年 8 月 8 日"。

(4) 算式计算。录入"V"+简单算式,可得到对应的算式结果。例如,录入"V2+3",可自动计算结果"5"。

 **学中思**

在使用搜狗拼音输入法输出汉字时，如何输入生僻字？

 **课后练习**

一、电子计算器指法训练

（一）资料

电子计算器指法训练数字表，如表 2-4 所示。

表 2-4　　　　　　　　　　电子计算器指法训练数字表

35674	28461	36987	78965	33269	47952	44589	12369	12569
27896	28936	24563	23654	37896	37845	37456	34561	31239
48963	496320	49258	54789	57896	58964	59873	66789	61230
78963	89365	99632	98741	89742	33986	56782	01897	07893
30789	35289	50951	60913	70943	80254	29843	39726	58721
99703	80927	55369	66810	77356	22180	57349	66920	48607

（二）要求

按正确的指法反复进行指法练习。

二、练习电子计算器功能键的使用

（一）资料

1. 25×56＋36×89＋44×32
2. 500－(23×6)
3. 36×9＋40×8＋56×8＋29×4

（二）要求

利用电子计算器完成上述算式的计算。

三、电子计算器和数字小键盘盲打训练

（一）资料

1. 打百子加法训练，计算结果应为 5 050。
2. 先录入 5 050，然后减 1 减 2 减 3，一直减到 100，计算结果应为 0。

（二）要求

1. 利用电子计算器完成百子盲打训练。
2. 利用数字小键盘完成百子盲打训练。

四、练习键盘数字综合录入

(一) 资料

1. 按正确指法录入"1""5""9",连加 10 次再连减 10 次,最后归 0。
2. 按正确指法录入"3""5""7",连加 10 次再连减 10 次,最后归 0。
3. 按正确指法录入"1""3""5""7""9",连加 10 次再连减 10 次,最后归 0。
4. 数字综合练习资料,如表 2-5 所示。

表 2-5　　　　　　　　　　　数字综合练习表

3468.23	1456.02	7892.33	6932.65	6566.35	89.25	34569.78
36978.67	7890.99	89728.93	5629.33	4560.38	6891.38	6977.22
3468.23	36978.67	1456.02	7892.33	34569.78	21.57	36587.19

(二) 要求

根据资料按照正确的指法,分别采用电子计算器和数字小键盘完成上述数据录入。

五、练习汉字录入技术

(一) 资料

自选一篇文档。

(二) 要求

新建一个 Word 或 Wps 文档,使用搜狗拼音输入法,分别按六种模式进行输入练习。

六、练习资产负债表项目运算

(一) 资料

某企业期末资产负债表(简表)余额,如表 2-6 所示。

表 2-6　　　　　　　　　　资产负债表(简表)

20×2 年 12 月 31 日　　　　　　　　　　　　　　　　单位:元

资产	期末余额	负债和所有者权益 (或股东权益)	期末余额
流动资产:		流动负债:	
货币资金	312 600	短期借款	650 000
交易性金融资产	118 000	交易性金融负债	
应收票据	245 000	应付票据	320 000
应收账款	364 750	应付账款	540 000
预付款项	140 000	预收款项	78 000
其他应收款	85 000	合同负债	
存货	2 426 050	应付职工薪酬	76 000

(续表)

资产	期末余额	负债和所有者权益（或股东权益）	期末余额
合同资产		应交税费	87 000
持有待售资产		其他应付款	530 000
一年内到期的非流动资产		一年内到期的非流动负债	300 000
其他流动资产		其他流动负债	
流动资产合计	(1)	流动负债合计	(4)
非流动资产：		非流动负债：	
债权投资		长期借款	1 300 000
其他债权投资		应付债券	
长期应收款		租赁负债	
长期股权投资	509 600	长期应付款	
其他权益工具投资		专项应付款	
其他非流动金融资产		预计负债	
投资性房地产		递延所得税负债	
固定资产	9 040 000	其他非流动负债	
在建工程	650 000	非流动负债合计	1 300 000
生产性生物资产		负债合计	3 881 000
油气资产		所有者权益（或股东权益）	
使用权资产		实收资本（或股本）	9 000 000
无形资产	1 200 000	资本公积	560 000
开发支出		减：库存股	
商誉		盈余公积	750 000
长期待摊费用		未分配利润	900 000
递延所得税资产		所有者权益（或股东权益）合计	(5)
其他非流动资产			
非流动资产合计	(2)		
资产总计	(3)	负债和所有者权益（或股东权益）总计	(6)

(二) 要求

分别采用电子计算器和数字小键盘计算表中数字,并验证资产、负债及所有者权益是否相等。

1. 流动资产合计＝
2. 非流动资产合计＝
3. 资产总计＝
4. 流动负债合计＝
5. 所有者权益(或股东权益)合计＝
6. 负债和所有者权益(或股东权益)总计＝

项目三　点钞和数字货币的应用技能

 项目描述

在传统模式下,现金的收入、付出和整点是出纳人员最经常和最大量的工作。快速、准确地收、付钞票是出纳人员做好本职工作的前提。在频繁的货币收、付业务中,要有效地识别假币,出纳人员除了具有高度的责任感和警惕性,还应当具备识别假币的技能。数字技术加速创新并日益融入经济社会发展的各个领域,对包括货币在内的金融基础设施产生了深刻影响。随着网络技术和数字经济的发展,人们对零售支付的便捷性、安全性、普惠性和隐私性等方面的需求日益增强,数字货币的研发和应用进入了加速期。在数字经济时代,出纳人员除了要具备传统的点钞和识钞的技能,还应当掌握电子货币和数字货币的基本知识。本项目重点介绍点钞、验钞的基本技能以及电子货币和数字货币应用的基本常识。

 项目目标

知识目标
1. 熟悉手工点钞的基本程序和要领。
2. 掌握手持式单指单张和多指多张点钞法的点钞技巧。
3. 掌握手按式单指单张和多指多张点钞法的点钞技巧。
4. 掌握识别假币的方法和技能。
5. 熟悉电子货币和数字货币的基本知识。

能力目标
1. 能够准确、快速地完成钞票的手工清点、捆扎和盖章。
2. 能够准确识别人民币的真伪。
3. 熟练使用点钞机点钞和捆钞。
4. 会使用电子货币和数字货币进行结算。

素质目标
1. 培养学生耐心、细致、快速和高效的工作作风。
2. 培养学生"技能成才、强国有我"的家国情怀。
3. 引导学生养成数字化学习习惯,培养创新思维。

思维导图

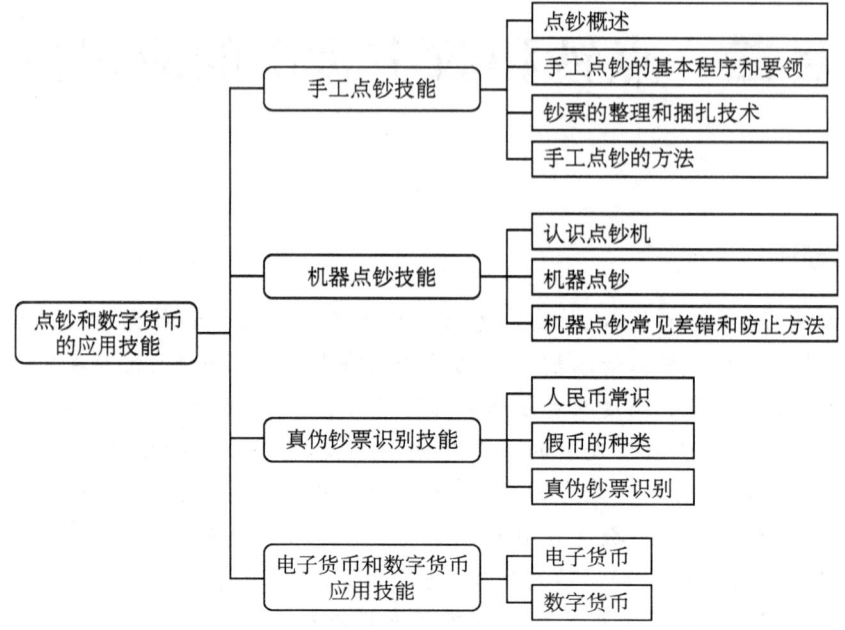

项目导入

某企业出纳晓华在办理现金收取业务时,误收一张100元假币。单位领导认为,作为出纳人员应该具备识别真伪现金的能力,技能不过硬和责任心不强,是本次收取假币的原因,做出由晓华赔偿企业损失的决定。你认为单位领导的做法合理吗?在数字经济时代,数字人民币加速推广和应用,数字人民币是否存在假币?企业如何办理数字人民币的结算?

任务一　手工点钞技能

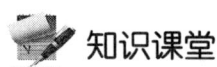
知识课堂

一、点钞概述

(一) 点钞的含义

点钞是指按照一定的方法查清票币的数额,即整理、清点钞票的工作。在银行,点钞泛指清点各种票币,又称票币整点。整点票币时,不仅要做到点数准确,还必须对损伤票币、伪造币和变造币进行挑拣、处理,确保点钞的质量和速度。点钞是出纳工作的一个重要组成部分。

(二) 点钞的分类

点钞按使用工具不同,可分为手工点钞和机器点钞两类。

1. 手工点钞

手工点钞是指将纸币和硬币置于桌面,由人工对其进行清点和计数的方法。手工点钞根据点钞姿势不同,分为手持式点钞和手按式点钞两种。手持式点钞按照指法不同,又分为单指单张点钞、单指多张点钞、多指多张点钞和扇面式点钞等多种方法。

2. 机器点钞

机器点钞是指使用点钞机整点钞票的方法。

点钞方法的分类,如图 3-1 所示。

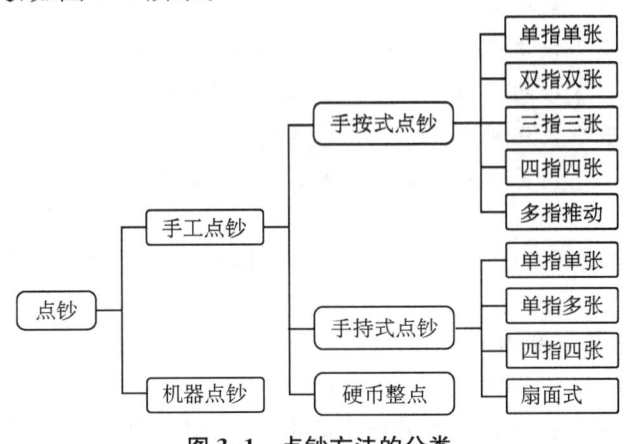

图 3-1　点钞方法的分类

二、手工点钞的基本程序和要领

(一) 手工点钞的基本程序

手工点钞是指从拆把开始,经过点数、扎把,到盖章为止的一个连续、完整的过程。

1. 拆把

拆把是指把待点的成把钞票的捆扎条拆掉。拆把时,可将捆扎条脱去,也可将捆扎条用手指勾断。拆把后,将待点的成把钞票根据不同点钞方法的要求拿在手中,按正确的姿势持钞,为点钞做好准备。

2. 点数

点数是指左手持钞,右手点钞,眼睛紧盯捻动的钞票,同时,脑中计数,手、脑、眼三位一体,协调配合。

3. 扎把

扎把是指将清点准确的 100 张钞票墩齐,用捆扎条捆扎牢固。

4. 盖章

盖章是指在捆扎好的钞票的扎条上加盖经办人名章,以明确责任。

(二) 手工点钞的要求

出纳人员在办理现金的收、付与整点时,要做到"准""快""好"。

1. "准"

"准"是指钞券清点准确无误,不错不乱。

2. "快"

"快"是指在"准"的前提下,加快点钞速度,提高工作效率。

3. "好"

"好"是指批量符合"五好钱捆"(见知识拓展)的标准。

知识拓展

"五好钱捆"标准

"五好钱捆"标准,是指点准、挑净、墩齐、捆紧和盖章清楚。

(1)点准,即票币点数要准确。

(2)挑净,即按规定损伤券挑、剔标准,将损伤券挑、剔干净。

(3)墩齐,即将整点后的票币上下左右墩齐达到"两面光"。

(4)捆紧,即票币小把扎紧,十把捆紧,硬币包紧。

(5)盖章清楚,即整点员在整点后盖章时,保证姓名清晰、可辨。

"准"是做好现金收、付和整点工作的基础和前提,"快"和"好"是提高工作效率,提升服务质量的必要条件。

(三)手工点钞的基本要领

1. 点钞员姿势正确

点钞员的坐姿正确与否会影响点钞技术的发挥,正确的姿势应该是:身体坐直、挺胸、自然、全身肌肉放松,双脚自然踏平,放于地面,不得翘腿。

2. 用具放置适当

点钞时,点钞员使用的用具主要包括钞票、捆扎条、名章、笔、印章和水盒等。用具的定位要根据个人平常工作习惯,按使用顺序固定位置放好,如图 3-2 所示。

图 3-2 用具定位

用具放置具体需要做到以下三点:

(1) 点钞员将待点钞票清理整齐后放置于桌面左侧。

(2) 点钞蜡(水盒)、捆扎条、名章和印章的放置,以最有利于使用和配合清点为原则,一般按顺序置于桌面中央右前方。

(3) 将清点完的钞票扎把、盖章后置于桌面右侧。

3. 钞票清理整齐

在清点钞票前,点钞员需要将破裂、折角和揉搓过的钞票整直和抹平。整齐和平直的钞票有利于准确地清点。清理后,点钞员将钞票成坡形堆放在桌面上。

4. 钞票清点准确

为确保钞票清点的准确,点钞员需做到以下三点:

(1) 集中精神,全神贯注。

(2) 定型操作,机器复核。

(3) 双手点钞,眼睛看钞,脑子记数,眼、手、脑紧密配合。

5. 钞票墩齐

钞票墩齐是点钞的重要环节。墩齐直接影响扎把的质量,进而影响点钞的整体质量。点钞员清点完成一把钞票后,在捆扎前,需要将钞票墩齐。墩齐的标准是:四条边水平对齐,卷角拉平,不露头或呈梯形错开。钞票墩齐后置放于捻钞的一侧。

6. 钞票扎把牢固

钞票百张 1 把,10 把一捆。扎把牢固具体要求包括以下两点:

(1) 小把扎紧。每把钞票清点后,若正确无误,按 100 张为 1 把,扎上捆扎条。扎把时一定要扎紧,以提起一张钞票不被抽出为标准,如图 3-3 所示。钞票清点后,点钞员发现有多余或缺少钞票的情况,应在原纸条上写"+1""+2"…"−1""−2"…字样,并将该把钞票放置在旁边。

图 3-3 扎把

(2) 大捆捆紧。每10把钞票按"井"字型捆扎为一大捆,捆扎以抽不出钞票、用力推不变形为标准。

7. 盖章清晰

盖章是点钞的最后一个环节,是分清责任的标志。当钞票清点完毕,点钞员应在捆扎条上加盖名章,表示对此把钞票的数量和质量负责。因此,图章应清晰可辨,如图 3-4 所示。

图 3-4 盖章

8. 点钞动作连贯

点钞过程的各个环节必须协调,环环相扣,宜双手动作连贯、协调,速度均匀。切忌忽快忽慢、忽多忽少,并注意减少不必要的动作。例如,清点完成 100 张钞票,在墩齐钞票的同时,左手持票,右手取捆扎条,随即将左手的钞票跟上去,迅速扎好小把。左手放钞票的同时,右手取另一把钞票。

出纳员在收、付现金时,一般应按下列程序办理:

(1) 审查现金收款凭证、付款凭证及其所附原始凭证的内容,审查其是否完整和清晰,内容是否一致。

(2) 依据现金收款凭证和付款凭证金额,先点数整数(即大数),再点数零数(即小数)。在点数过程中,边点数,边在算盘或计算器上加计金额。点数完毕,算盘或计算器上的数字、现金凭证上的金额和清点数额应该相同。

出纳人员在办理现金收、付款业务时,一般需要经过哪些程序?

三、钞票的整理和捆扎技术

(一) 钞票的整理

钞票的整理包括清点前整理和清点后整理两个方面。

1. 清点前整理

现金出纳员在清点票币前,应先按券别(100元、50元、20元、10元等)将钞票进行分类,同时挑、剔出残损券,并将断裂钞券用纸条黏好。然后,按完整券和残损券分别进行清点。清点中若发现可疑钞券,应进行真伪鉴别。

2. 清点后整理

清点完一把钞票后,需要进行清点后的整理。现金出纳员应首先将券角拉平、钞票墩齐,然后再用捆扎条捆扎牢固。

(二) 钞票的捆扎技术

捆扎钞票是指以100张为1把,将清点无误的钞票用捆扎条在钞票中间捆扎牢固。对不足100张的钞票用捆扎条在钞票的1/3处进行捆扎,并将钞票的张数和金额写在捆扎条的正面。

钞票扎把的方法包括夹条缠绕式捆扎法、压条缠绕式捆扎法和拧结式捆扎法三种。

1. 夹条缠绕式捆扎法

夹条缠绕式捆扎法的具体操作步骤如下:

(1) 将清点准确后的钞票100张墩齐横握,左手拇指在内,其余4指在外,握住左端,右手持捆扎条的一端插入钞票侧缝中(1/3处),左手拇指稍微用力,使钞票向内弯曲,形成瓦状,如图3-5所示。

图 3-5　捆扎(1)

(2) 用右手拇指、食指和中指夹住捆扎条,向下向内缠绕一圈或两圈,左手食指压住钞票上端的捆扎条,如图3-6所示。

图 3-6　捆扎(2)

(3) 右手将剩余捆扎条向右侧翻转,拉开一点距离后,用拇指(或食指)将其塞入捆扎条下方。左手拇指可将插过来的捆扎条按住,以防右手拇指将其带出,如图 3-7 所示。

图 3-7　捆扎(3)

夹条式捆扎法将捆扎条与钞票紧密连接,不易脱落,日常工作中被普遍采用。

2. 压条缠绕式捆扎法

压条缠绕式捆扎法的操作步骤与夹条缠绕式捆扎法大致相同,只是捆扎条放于钞票凸面,用左手食指压住。右手缠绕方式与夹条缠绕式相同。

3. 拧结式捆扎法

拧结式捆扎法的具体操作步骤如下:

(1) 将点过的钞票 100 张墩齐。

(2) 左手握钞,使之成为瓦状。

（3）右手将捆扎条从钞票凸面放置，将捆扎条两头绕到凹面，左手食指、拇指分别按住捆扎条与钞票厚度交界处。

（4）右手拇指、食指夹住捆扎条头一端，中指、无名指夹住另一端扎条头，将其并合在一起。右手顺时针转 180 度，左手逆时针转 180 度，将拇指和食指夹住的一头捆扎条头从捆扎条与钞票之间绕过、打结。

（5）整理钞票，在钞票的侧面捆扎条上加盖名章。

四、手工点钞的方法

（一）手持式点钞方法

手持式点钞依据指法不同有多种方法，这里仅以常用的单指单张、四指四张和扇面式点钞为例讲述。

1. 单指单张点钞

单指单张点钞是指用一个手指一次清点一张钞票的方法。单指单张点钞使用范围较广，频率较高，适用于收款、付款和整点各种新旧、大小钞票。

单指单张点钞方法的具体操作步骤如下：

（1）持钞。左手横执钞票，正面向下，中指和无名指夹紧钞票左端，且尽量靠近手指根部，手指前端自然弯曲，拇指按住钞票内侧将钞票向内翻推出一个微开的扇形面，食指伸直托住扇面背面，使钞票自然直立与桌面基本垂直，如图 3-8 所示。

图 3-8 持钞

（2）清点。左手持钞并打开扇面后，右手拇指附在钞票上部右内侧边缘上，食指和中指伸开放于扇面后侧，与拇指相对，其他手指自然弯曲，用拇指尖逐张向下捻动钞票右上角。清点时要轻捻，食指在钞票背面的右端配合拇指捻动，左手拇指按捏钞票不要过紧，要配合右手起到自然助推的作用。右手的无名指将捻起的钞票向外弹，外弹时注意轻点快弹，如图 3-9 所示。

图 3-9 清点

(3) 记数。钞票记数应与清点同时进行。记数应该采用分组记数法,10 张为一组,即 1、2、3、4、5、6、7、8、9、1(即 10),1、2、3、4、5、6、7、8、9、2(即 20),以此类推,数到 1、2、3、4、5、6、7、8、9、10(即 100)。记数时做到脑、眼、手密切配合,既准确又快速。

 小提示

> 记数时,精神要高度集中,嘴不能出声,也不能有读数的口型,只能在心中默记。

(4) 挑残破券。钞票清点过程中,如果发现残、破券,应按剔旧标准将其挑出。为了不影响点钞速度,点钞时不要急于抽出残、破券,只需用右手中指和无名指夹住残、破券,将其折向外边,待点完 100 张钞券后,再将残券抽出,补上完整的钞券。

(5) 扎把。钞票清点完毕后,需要对所点钞票进行扎把。扎把时,先将清点准确的 100 张钞票在桌面上墩齐,然后左手持钞,右手取捆扎条,将钞票捆扎牢固。将每把钞票捆扎后,应将其整齐放置于右侧,防止凌乱,也便于盖章。

(6) 盖章。全部钞票扎把完毕后,左手拇指在前,其余四指在后,将扎好的钞票捏住,横立于桌面上;右手依次将名章加盖在捆扎条的上端,以明确责任。

2. 四指四张点钞

四指四张点钞是指点钞时,用小指、无名指、中指和食指依次捻下一张钞票,一次清点四张钞票的方法。四指四张点钞法适用于收款、付款和整点工作。这种方法的优点是省力、省脑和效率高。

四指四张点钞方法的具体操作步骤如下:

(1) 持钞。用左手持钞,中指在前,食指、无名指和小指在后,将钞票夹紧;四指同时弯曲将钞票轻压成瓦形,拇指在钞票的右上角外面,将钞票推成小扇面;然后手腕向里转,使钞票的右里角抬起,右手五指准备清点,如图 3-10 所示。

图 3-10 持钞

(2) 清点。右手手腕抬起,拇指贴在钞票的右里角,其余 4 指同时弯曲并拢。从小指开始,每指捻动一张钞票,依次下滑 4 个手指,每一次下滑动作捻下 4 张钞票,循环操作。清点 100 张钞票,需要点 25 次,如图 3-11 所示。

(3) 记数。采用分组记数法,右手指每转动一次(即 4 张),记数增加一次,依此类推,直至清点完毕,记满 25 组为 100 张。

(4) 扎把与盖章。扎把、盖章方法与手持式单指单张点钞相同,此处不再赘述。

3. 扇面式点钞

扇面式点钞是指将钞票打开成扇形,利用单指或双指交替按压,分组记数,一次清点 5 张或 5 张以上的方法。扇面式点钞法速度快,是手工点钞中效率最高的一种。但它只适合清点新票币,不适于清点新、旧、破混合的钞票。

扇面式点钞法的具体操作步骤如下:

图 3-11　清点

（1）持钞。将钞票竖拿，左手拇指在票前下部中间票面约 1/4 处，其余四指在票后，同拇指一起捏住钞票。右手拇指在左手拇指的上端，用虎口从右侧卡住钞票成瓦形，食指、中指、无名指和小指均横在钞票背面，做开扇准备，如图 3-12 所示。

图 3-12　持钞

（2）开扇。开扇是扇面式点钞的一个重要环节。扇面要开得均匀，为点数打好基础，做好准备。其具体方法是：以左手为轴，右手食指将钞票向胸前左下方压弯，然后猛向右方甩动，同时，右手拇指在票前向左上方推动钞票，食指和中指在票后用力向右捻动，左手指在钞票原位置向逆时针方向画弧捻动，食指、中指在票后用力向左上方捻动，右手手指逐步向下移动，至右下角时即可将钞票推成扇面形。如有不均匀的地方，可双手持钞抖动，使其均匀，如图 3-13 所示。

图 3-13　开扇

打扇面时，左右两手一定要配合协调，不要将钞票捏得过紧。如果点钞时，采取一按十张的方法，扇面要开小些，便于清点。

（3）点数。左手持扇面，右手中指、无名指和小指托住钞票背面，拇指在钞票右上角 1 cm 处，一次按下 5 张或 10 张。按下后，用食指压住，拇指继续向前按第二次，以此类推。同时，左手应随右手点数速度向内转动扇面，以迎合右手移动，直到点完 100 张为止，如图 3-14 所示。

图 3-14　点数

(4)记数。采用分组记数法,一次按 5 张为一组,记满 20 组为 100 张;一次按 10 张为一组,记满 10 组为 100 张。

(5)合扇。清点完毕合扇时,将左手向右倒,右手托住钞票右侧向左合拢,左右手指向中间一起用力,使钞票竖立在桌面上。两手松拢轻墩,把钞票墩齐,准备扎把。

(6)扎把与盖章。扎把、盖章方法与手持式单指单张点钞相同,此处不再赘述。

 学中做

准备一把钞票、若干捆扎条、一枚名章和一个水盒,采用单指单张和扇面式点钞法,严格按照操作步骤进行点钞训练。

(二)手按式点钞方法

1. 手按式点钞的含义及分类

手按式点钞是指将钞票放在桌面上进行清点,是一种传统的点钞方法。

手按式点钞可分为单指单张点钞、双指双张点钞、三指三张点钞、四指四张点钞和多指推动点钞等。手按式单指单张点钞是最基本的一种点钞方法,下文对此种方法作阐述。

2. 手按式单指单张点钞法

手按式单指单张点钞法适用于收、付款工作的初点和复点,尤其适用于不足 100 张的零票整点。

手按式单指单张点钞法具体操作步骤如下:

(1)按钞。操作时,把钞票横放桌上,左手小指和无名指微弯,按住钞票的左半部,拇指在钞票右端内侧底部,食指在钞票右端外侧底部将钞票抬起,弯成瓦状。右手拇指放在钞票弯曲面的内侧,右手食指搭在左手食指上,做好点钞准备,如图 3-15 所示。

图 3-15 按钞

（2）清点。用右手拇指指肚侧面轻触钞面,向外 45 度方向推动钞票,即完成了一次点钞动作,以后依次连续操作,如图 3-16 所示。

图 3-16　清点

（3）记数、扎把和盖章。记数、扎把、盖章和手持式单指单张点钞法相同。

> 准备一把钞票、若干捆扎条、一枚名章和一个水盒,采用手按式单指单张点钞法,按照操作步骤进行点钞训练。

（三）手工硬币整点法

手工整点硬币,一般常用在收款、收点硬币尾零款。整点硬币应以 100 枚为一卷,一次可清点 5 枚、12 枚、14 枚或 16 枚,最多的可一次清点 18 枚,主要依据个人技术熟练程度而定。

硬币整点法的具体操作步骤法如下:

（1）拆卷。右手持硬币卷的 1/3 部位,放在待清点完包装纸的中间;左手撕开硬币包装纸的一头,右手大拇指向下从左端到右端压开包装纸;包装纸压开后,左手食指平压硬币,右手抽出已压开的包装纸,准备清点。

（2）点数。按币值由大到小的顺序进行清点,左手持币,右手拇指和食指分组清点。为保证准确,右手中指从一组中间分开查看,如一次点 18 枚为一组,即从中间分开,一边 9 枚;如一次点 10 枚为一组,一边为 5 枚。清点记数,采用分组计数,一组为一次,如点 10 组即记 10 次,其他以此类推。

（3）包装。硬币清点完毕后,即可进行包装。硬币每 100 枚包一卷。包装时,双手的无名指分别顶住硬币的两头,拇指、食指和中指捏住硬币的两端,将硬币取出放入已准备好的包装纸 1/2 处;双手拇指把里边的包装纸,向外掀起披在硬币底部,右手掌心用力向外推卷;

双手中指、食指和拇指分别将两头包装纸向中间方向折压紧贴至硬币,拇指将后面的包装纸往前压,食指将前面的包装纸往后压,使包装纸和硬币贴紧,最后拇指和食指向前推币,完成包装。包装后的硬币要求紧,不能松,两端不能露出硬币。

(4)盖章。全部硬币包装后,出纳员要逐卷盖好名章。盖章时,名章随硬币卷的滚动依次盖在各卷上,使名章盖得又快又清晰。

任务二　机器点钞技能

 知识课堂

一、认识点钞机

点钞机是一种自动清点钞票数目的机电一体化装置。一般带有伪钞识别功能,是集计数和辨伪功能于一体的机器。

(一)点钞机的分类

1. 按点钞机的功能分类

点钞机根据功能不同,可分为全智能型点钞机、半智能型点钞机和普通型点钞机。全智能型点钞机、半智能型点钞机,功能齐全,工作稳定,适合现金流量大的金融机构、大型超市、医院等单位。相对于全智能型点钞机、半智能型点钞机,普通型点钞机的功能少,检测功能不全,适用于现金流量少的商品零售店。

2. 按点钞机外表形式分类

点钞机根据外表形式不同,可分为卧式点钞机、立式点钞机和吸气式点钞机等。

点钞机的分类,如图 3-17 所示。

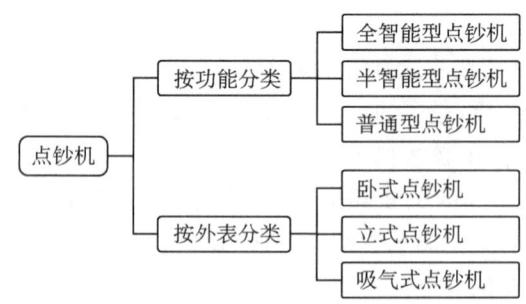

图 3-17　点钞机的分类

(二)点钞机的组成

点钞机是由捻钞轮、压钞轮、接钞轮、机架、电机、变压器和电子电路等多部分组成。

二、机器点钞

机器点钞是指使用点钞机整点钞票,通过电子计数器反映钞票张数。当计数器显示

100张时，操作人员将点落的钞票，捆成一把。用机器代替手工点钞，能降低出纳员的劳动强度，提高工作效率。

(一) 机器点钞前的准备

1. 放置点钞机

点钞机一般放置在操作人员的正前方，离胸前约30厘米。

2. 检查点钞机各机件

清点钞票前，出纳人员需要检查点钞机的各机件是否完好。检查是否安装了可靠的接地线，以保护集成线路不被静电击穿损坏和防止操作人员触电。接上点钞机的电源，打开电源开关，使整机运转，荧光数码显示"0"。若不是"0"，可按"0"按钮，使其复位，如图3-18所示。

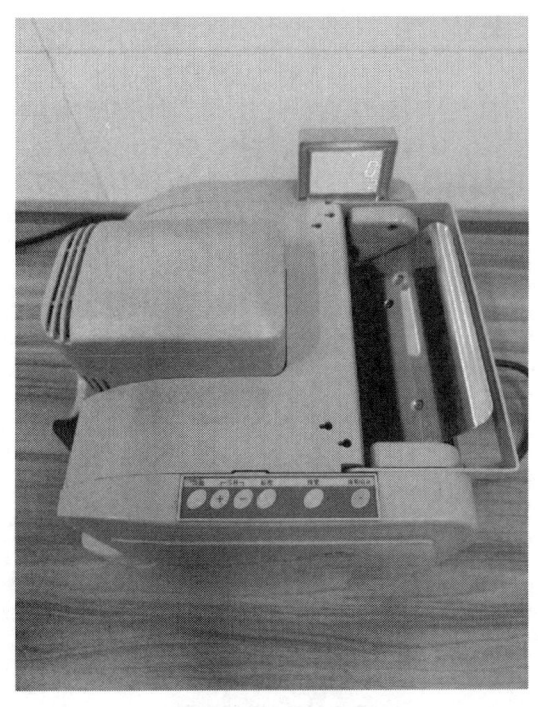

图3-18 点钞机

3. 调试机器

点钞机复位后，下次使用前，还需要对点钞机进行调试。调试方法是右手持一张壹元券的一端，将另一端插入捻钞轮和托钞板之间，当捻钞轮一捻住钞票就马上抽出。以捻得动、抽得出为宜。调试完成后，还需要拿一把钞票进行捻钞试机。试机时，一般将一把钞票点到1/3时停机，看传送带上的钞票排列是否均匀整齐。如果出现不均匀或不整齐的现象，应调节螺丝，直到钞票排列整齐为止。试机的目的，在于检查机器的捻钞、计数、运送、拍打和整钞等各个环节的功能是否正常。

4. 摆放钞票及用具

机器调试结束后，将钞票按大小票面顺序整齐摆放在机器右侧。清点无误并捆扎完成的钞票放置在机器的左侧；捆扎条横放在点钞机前，即靠近点钞员胸前的一侧，其他各种用具放在适当位置。

(二) 机器点钞的基本程序

1. 拆把

操作人员的右手从机器右侧拿起钞券,横执钞券,拇指与中指、无名指和小指分别捏住钞券两侧,拇指在里侧、其余三指在外侧,食指弯曲,勾断捆扎条。然后,拇指和食指捏住钞券上侧,左手配合推动,自然形成微扇面。

2. 点数

将钞券放入下钞斗,钞券通过捻钞轮自然下滑到传送带,落到接钞台。下钞时,点钞员的眼睛要注意传送带上的钞券,看钞券是否夹有其他票券、损伤券和假钞等,同时要观察数码显示情况,如图 3-19 所示。

图 3-19　机器点数

3. 记数

当下钞斗和传送带上的钞券下张完毕,点钞员查看数码显示是否为"100"。如果显示的数字不是"100",必须复点。复点前,应先将数码显示设置为"0"状态并保管好原把捆扎条。如果经复点仍非"100",且无其他不正常因素,说明该把钞票张数有误。应将钞券连同原捆扎条一起用新的捆扎条扎好,并在新的捆扎条上注明差错张数,另作处理。

4. 扎把

点完一把钞券,当记数显示为"100"时,即可进行扎把。扎把时,左手大拇指在上,其他四个手指在下,手掌向上,将钞票从接钞台里取出,然后将钞票墩齐,进行扎把。

5. 盖章

复点完全部钞券后,点钞员要逐把盖好名章。盖章时,注意先轻后重,整齐、清晰。

机器点钞要点

机器点钞连续操作,归纳起来,要做到"五个二",即:

二看:看清跑道票面,看准计数。

二清:券别、把数分清和接钞台取清。

二防:防留张,防机器吃钞。

二复:发现钞券有裂缝和夹带纸片要复核,计数不准时要复核。

二经常:经常检查机器底部,经常保养、维修点钞机。

三、机器点钞常见差错和防止方法

机器点钞常见差错和防止方法,如表 3-1 所示。

表 3-1　　　　　　　　　　机器点钞常见差错和防止方法

序号	差错类型	差错防止方法
1	接钞台留张	① 取尽接钞台内的钞券。 ② 采取不同的票面交叉清点
2	机器"吃钞"	① 调整好面板和调节螺丝,使下钞流畅、整齐。 ② 输钞紊乱、挤扎时重新清点一遍。 ③ 检查机器底部和前后输钞轴是否有钞券被夹住
3	计数不准	① 经常打扫光电管和小灯泡灰尘。 ② 荧光数码管突然计数不准,检查机器的线路或测试电压等。 ③ 将钞券调头后再清点一遍,或将机器内杂物、纸条取出后再点一遍

机器点钞有时会出现"吃钞"现象,还会出现张数多计现象,请说明原因及处理方法。

任务三　真伪钞票识别技能

一、人民币常识

人民币是中华人民共和国的法定货币,是中国经济主权的象征,由中国人民银行负责管理、设计、印制和发行。

(一) 人民币的发行历史

自 1948 年发行第一套人民币以来,随着经济的发展以及人民生活需求的提高,人民币的发行逐步完善,截至 2021 年,共发行了 5 套人民币。

1. 第一套人民币

1948 年 12 月 1 日,中国人民银行发行第一套人民币。第一套人民币共 12 种面额、62 种版别。

2. 第二套人民币

1955 年 3 月 1 日,中国人民银行发行第二套人民币,同时收回第一套人民币。第二套人民币共有 1 分、2 分、5 分、1 角、2 角、5 角、1 元、2 元、3 元、5 元和 10 元等 11 种面额,其中,1 元券和 5 元券有两种,1 分券、2 分券和 5 分券有纸币和硬币两种。

3. 第三套人民币

1962 年 4 月 20 日,中国人民银行发行第三套人民币。第三套人民币共有 1 角、2 角、5 角、1 元、2 元、5 元和 10 元等 7 种面额、13 种版别。

4. 第四套人民币

1987 年 4 月 27 日,中国人民银行发行第四套人民币。第四套人民币共有 1 角、2 角、5 角、1 元、2 元、5 元、10 元、50 元和 100 元等 9 种面额,其中 1 角、5 角和 1 元有纸币和硬币两种。

5. 第五套人民币

1999 年 10 月 1 日,中国人民银行发行第五套人民币。第五套人民币共有 1 角、5 角、1 元、5 元、10 元、20 元、50 元和 100 元等 8 种面额,其中,1 角、5 角和 1 元有纸币和硬币两种。

2005 年 8 月 31 日,为提升防伪技术和印制质量,中国人民银行发行了 2005 年版第五套人民币部分纸币和硬币。

2015 年 11 月 12 日,中国人民银行发行 2015 年版 100 元纸币。

2019 年 8 月 30 日,中国人民银行发行 2019 年版第五套人民币 50 元、20 元、10 元、1 元纸币和 1 元、5 角、1 角硬币。

2020 年 11 月 5 日,中国人民银行发行 2020 年版第五套人民币 5 元纸币。

目前,市场上流通的人民币绝大多数为第五套人民币。

(二) 第五套人民币公众防伪特征

1. 固定人像(花卉)水印

毛泽东头像(花卉)水印位于正面左侧空白处,迎光透视,可见与主景人像相同、立体感很强。

2. 红、蓝彩色纤维

红色和蓝色纤维位于票面的空白处。

3. 磁性微文字安全线

钞票纸中的安全线,迎光观察,可见"RMB 金额"微小文字,仪器检测有磁性。

4. 手工雕刻头像

正面主景毛泽东头像,采用手工雕刻凹版印刷工艺,形象逼真、传神,凹凸感强,易于识别。

5. 隐形面额数字

正面右上方有一椭圆形图案,将钞票置于与眼睛接近平行的位置、面对光源作平面旋转 45 度或 90 度角,即可看到面额数字。

6. 胶印缩微文字

正面上方椭圆形图案中,多处印有胶印缩微文字,在放大镜下可看到"RMB"和"金额"字样。

7. 光变油墨面额数字

正面左下方"金额"字样,从与票面垂直角度观察为绿色,倾斜一定角度观察则变为蓝色。

8. 阴阳互补对印图案

票面下面左下方和背面右下方均有圆形局部图案,迎光观察,正背面图案重合并组合成一个完整的古钱币图案。

9. 雕刻凹版印刷

用手指触摸有明显凹、凸感。

10. 横竖双号码

正面采用横竖双号码印刷(均为两位冠字、八位号码)。横号码为黑色,竖号码为蓝色。

学中做

准备人民币 100 元和 50 元各一张,观察其防伪特征。

二、假币的种类

自人民币代替铸币投入流通以来,伪造货币和变造货币,已经成为一种普通的国际犯罪现象,而且有愈演愈烈的势头。假币主要包括伪造货币和变造货币两种。

(一) 伪造货币

伪造货币是指仿照真币的图案、形状和色彩等,采用各种手段制作的假货币。

伪造货币欺骗性强,极易以假乱真,稍不注意,就会上当受骗。伪造货币流入社会,不仅扰乱金融市场的秩序,还损害企事业单位和个人的经济利益,其带来的恶劣影响显而易见。

(二) 变造货币

变造货币是指在真币的基础上,利用挖补、揭层、涂改、拼凑、移位和重印等多种方法,改变原真币形态而制成的假币。变造货币主要有涂改、拼凑和揭张三种。

1. 涂改货币

涂改货币是指使用消字、消色等方法,将小面额票币的金额消去,涂改成大面额的变造币。这种变造币,钞票金额数字部位有涂改或用刀刮过的痕迹,花纹、图案、颜色和尺寸都与真钞不符。

2. 拼凑货币

拼凑货币是指使用剪贴的方法,将多张钞票进行剪剪拼拼,从而拼出的变造币。这种变造币,纸幅比真钞短一截,花纹不衔接,钞票背面有纸条或叠压粘贴痕迹。

3. 揭张货币

揭张货币是指将真钞正、背两面揭开,再贴上其他钞券的变造币。揭张货币与真钞相比纸质薄、挺度差、易辨别。

伪造货币和变造货币有什么不同?

三、真伪钞票的识别

由于变造货币容易识别,这里只着重介绍伪造货币的鉴别方法。伪造货币的鉴别一般通过"一看、二摸、三听、四测、五量"来进行。

(一)"看"

"看"是指用眼看整张货币票面图案是否单一或偏色,钞面图案色彩是否鲜艳,线条是否清晰,图案是否对接完好,有无留白或空隙,具体包括看水印、安全线,光变油墨面额数字、票面图案和微缩文字等。

识别真假人民币,"看"的小技巧

1. 看水印

第五套人民币各券别纸币的固定水印,位于各券别票面正面左侧的空白处,迎光透视各固定人像水印有立体感。100元和50元的固定水印为毛泽东头像图案,20元、10元和5元的固定水印为花卉图案。

2. 看光变油墨面额数字

2005年版第五套人民币100元和50元纸币票面正面左下方,印有光变油墨面额数字"100"和"50"字样。从与票面垂直角度观察,"100"为绿色,"50"为金色,倾斜一定角度观察,"100"变为蓝色,"50"变为绿色。

3. 看票面图案

2005年版第五套纸币10元及以上券别,票面正、背面都有一个圆形的局部图案。迎光透视,可以看到正背面局部图案合并为一个完整的古钱币图案。100元和50元纸币的胶印对印图案位置,在正面偏左和背面偏右空白处;20元和10元纸币在正面左下角和背面右下角;5元纸币背面右下角也有一个古钱币图案,但不是胶印对印图案。

4. 看图案线条和微缩文字

2005年版第五套人民币纸币各券别正面胶印图案中,多处均印有微缩文字。100元纸币微缩文字为"RMB"和"RMB100";50元纸币微缩文字为"50"和"RMB50";20元纸币微缩文字为"RMB20";10元纸币微缩文字为"RMB10";5元纸币微缩文字为"RMB5"和"5"字样。

5. 看安全线

2005年版第五套5元及以上券别,使用了全息磁性开窗安全线。其中:100元和50元纸币的安全线位于票面背面中间偏右,开窗部分分别可以看到由微缩字符"￥100"和"￥50"组成的全息图案,仪器检测有磁性;20元、10元和5元纸币的安全线位于票面正面中间偏左,开窗部分分别可以看到由微缩字符"￥20""￥10"和"￥5"组成的全息图案,仪器检测有磁性。

(二)"摸"

"摸"是指凭手感,触摸可疑币的纸质薄厚,花纹、图案、文字有无凹凸感。真币纸张坚挺,薄厚适中,在特定部位有凹凸感;假币一般纸质薄,用手摸上去无凹凸感,手感比较平滑。

(三)"听"

"听"是指用手抖、甩、弹钞票纸,来听发出的声响。真币发出的是清脆的"哗哗"声,假币发出的声音听起来比较沉闷。

(四)"测"

"测"是指借助放大镜、仪器等检测工具,识别钞票真伪的方法。例如,当用经验法无法鉴别出纸币的真伪时,可借助放大镜等简易工具,对比检测真假图案花纹的细微差别。

(五)"量"

"量"是指用尺子衡量钞票的规格尺寸,识别钞票真伪的方法。真人民币的尺寸十分严格,可以精确到毫米。

假币的处理方法

(1)单位出纳人员在收、付现金时发现假币,应立即送交附近的银行进行鉴别。

(2)单位出纳人员发现可疑币无法断定其真假时,不得随意加盖假币戳记和没收。应向持币人说明情况,开具临时收据,连同可疑币及时报送中国人民银行当地分支鉴定。经中国人民银行鉴定,确属假币,按发现假币后的处理方法处理;如果确定不是假币,应及时将钞票退还持币人。

任务四　电子货币和数字货币应用技能

一、电子货币

(一)电子货币的含义

电子货币是指以电子方式实现的货币,其交易过程主要依靠电子设备和网络技术。电子货币的典型代表是电子支付方式,如支付宝和微信支付等。

电子货币以法定货币为基础,由商业银行或第三方支付机构发行,具有一定的信用背景。电子货币的使用场景主要包括消费支付和转账汇款等。电子货币是电子商务促进金融业创新应用的结果。

(二) 电子货币的特点

电子货币具有如下特点:

(1) 以电子计算机技术为依托,进行储存、支付和流通。

(2) 可广泛应用于生产、交换、分配和消费各领域。

(3) 集储蓄、信贷和非现金结算等多种功能为一体。

(4) 使用简便、安全、迅速和可靠。

(5) 电子货币的使用,通常以银行卡(磁卡、智能卡)为媒体。

(三) 电子货币的交易流程

在电子商务中,银行是连接生产企业、商业企业和消费者的纽带,是电子支付能否有效实现的关键。以一个简单的网上交易流程(图 3-20)为例,说明电子货币交易过程。

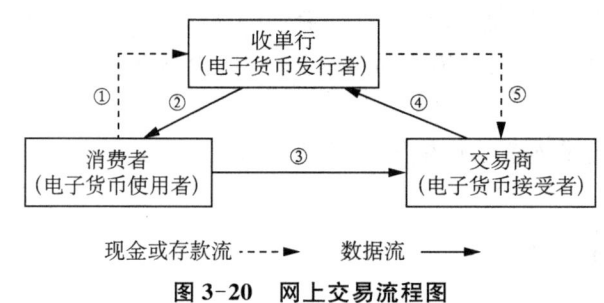

图 3-20 网上交易流程图

说明:

① 买方向卖方发出购物请求。

② 卖方将买方的支付指令通过支付网关发送到卖方的收单银行。

③ 收单银行通过银行卡网络从发卡行获得授权许可,并将授权信息再通过支付网关送回卖方。

④ 卖方取得授权后,向买方发出购物完成信息。如果支付获取与支付授权不能同时完成,卖方还需要通过支付网关向收单银行发送支付获取请求,把该笔交易的资金由买方转账到卖方的账户中。

⑤ 银行与银行之间通过支付系统,完成最后的银行间结算。

从上述交易流程发现,网上交易可以分为交易环节和支付结算环节两大部分,其中,支付结算环节又由包括支付网关、发单银行和发卡银行在内的金融专业网络完成的。因此,离开了银行,便无法完成网上交易的支付,也谈不上真正的电子商务。

(四) 电子货币的种类

电子货币的种类主要包括储值卡、银行卡、电子支票、电子钱包和电子现金等,如图 3-21 所示。

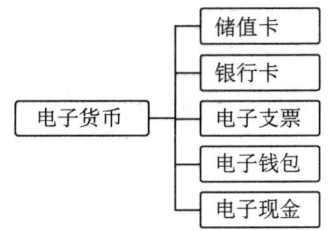

图 3-21　电子货币的种类

食堂就餐时，利用微信或支付宝完成一次支付过程，总结电子货币支付的流程。

二、数字货币

（一）数字货币的含义

数字货币是指以密码学技术为基础，通过去中心化的方式实现的货币。它是由区块链技术支持的，具有不可篡改、去中心化和匿名性等特点。数字货币的代表是比特币等，其发行机构是区块链网络的参与者。数字货币的使用场景主要是投资交易和价值传递等。

比特币

比特币是指通过互联网技术而产生的数字货币，并不是真实存在的货币。全球拥有 2 100 万枚比特币，总数固定不变。通过线上交易，比特币在不同的所有人之间流转，其价格会随不断的交易而上涨或下跌。

（二）数字货币和电子货币的差异

1. 发行机构不同

电子货币是由商业银行或第三方支付机构发行的，而数字货币是由区块链网络的参与者发行的。电子货币发行的基础是法定货币，具有较高的信用背书；而数字货币则没有法定货币作为基础，其发行和流通完全依赖于区块链网络的参与者。

2. 使用场景不同

电子货币的使用场景主要是消费支付和转账汇款等，其目标是方便人们的生活和工作；而数字货币的使用场景主要是投资交易和价值传递，它的目标是实现价值的转移和增值。

3. 安全性和匿名性不同

电子货币的安全性和匿名性相对较低，主要依靠商业银行和第三方支付机构的管理和技术保障；而数字货币的安全性和匿名性相对较高，其交易过程是去中心化的，避免了中间环节的干扰和妨碍，可以实现更高水平的安全性和匿名性。

 学中思

数字货币就是电子货币？我国发行的数字人民币和比特币有什么不同？

(三) 数字人民币

1. 数字人民币的含义

数字人民币是指由中国人民银行发行的数字形式的法定货币。从本质上看，数字人民币是人民币的一种，具有交易支付的功能。两者主要的区别在于发行技术不同。传统纸币或硬币是通过印钞厂或造币厂进行制作的，但数字人民币则通过数字技术进行发行，免去了实体印刷或铸造的过程。

 小提示

数字人民币是数字形式的法定货币，与纸钞、硬币等价。

随着日常消费场景的覆盖范围扩大，数字人民币的交易规模也在稳步提升。目前，数字人民币的大多数应用场景聚焦在商店、超市和日用零售等小额消费场景以及餐饮、电商消费等方面。数字人民币更多的应用场景仍在不断探索中。

2. 数字人民币特点

（1）数字人民币属于法定货币。数字人民币由中国人民银行发行，是由国家信用背书、有法定偿还能力的法定货币。

与比特币等虚拟币相比，数字人民币是法币，与法定货币等值，其效力和安全性最高；而比特币是一种虚拟资产，没有任何价值基础，也不享受任何主权信用担保，无法保证价值稳定。

（2）数字人民币存在双层运营体系。数字人民币采取了双层运营体系，中国人民银行先把数字人民币兑换给指定的运营机构，如商业银行或者其他商业机构，再由这些机构兑换给公众。

（3）数字人民币以广义账户体系为基础。在现行数字货币体系下，任何能够形成个人身份唯一标识的东西都可以成为账户。比如，车牌号就可以成为数字人民币的一个子钱包，在通过高速公路或者停车的时候进行支付。

（4）数字人民币支持银行账户松耦合。支持银行账户松耦合是指不需要银行账户，就可以开立数字人民币钱包。

对于一些农村地区或者边远山区群众、来华境外旅游者等，不能或者不便持有银行账户的，可以通过数字钱包享受相应的金融服务，有助于实现普惠金融。

 知识拓展

数字人民币与第三方支付的区别

数字人民币与支付宝、微信支付等第三方支付工具存在一些差异。数字人民币等同于现金，支付宝、微信支付则是装钱的工具或载体，即钱包。第三方支付工具资金，存放于

第三方支付机构,并由机构向央行缴存准备金;第三方支付工具没有网络难以完成支付(即支付后需等待第三方支付机构统一结算);以及第三方支付工具需要实名认证且第三方平台会获得消费者身份信息和支付数据等。

3. 数字人民币存在的优势

数字人民币存在的优势在于:

(1) 杜绝假币的出现。
(2) 无需智能机支付。
(3) 无网络支付。
(4) 点对点支付。

数字人民币在没有网络的情况下也能支付吗?数字人民币能杜绝假币吗?

4. 数字人民币使用流程

数字人民币在实际交易过程中,需要一些载体,例如,数字钱包 App 或者数字钱包的实体卡片。数字人民币的实体卡片与现在所用的芯片卡类似,在交易时需要通过扫描芯片中的信息,执行交易指令。

数字钱包 App 的使用,包括安装并开通数字人民币 App 和使用 App 两个环节。

安装并开通数字人民币 App 的具体操作步骤如下:

(1) 用户在应用商店自行搜索"数字人民币(试点版)"进行下载,并注册。

截至 2023 年 8 月,数字人民币仍在部分地区试点,所以,系统会有所提示,用户可以根据提示打开手机位置定位,以确认是否在试点区域。若在试点地区,可以进行安装。

(2) 安装并打开 App,点击"开通或添加数字钱包"选项。
(3) 进入下一个新的页面后,点击页面中的"开通数字钱包"。
(4) 选择一家商业银行,点击进入,按提示开通数字人民币软钱包。
(5) 同意协议,点击"下一步",打开验证手机号页面,"勾选服务协议",点击页面中的"下一步",接收系统提供的验证码。
(6) 在填写验证码页面,输入系统发送的验证码,进入下一页面。
(7) 在设置钱包名称页面,设置钱包名字,点击页面中的"下一步"。
(8) 切换到下一个页面后,设置 6 位数的支付密码并确认。
(9) 当页面中显示"开通成功",就可以查看数字人民币的开户信息。
(10) 给钱包充值。可通过手机银行或者银行卡给钱包充值。

数字人民币通过专属的"数字人民币 App"消费,主要有两种付款方式:

(1) 用户扫描商户收款码消费。登录"数字人民币 App",点击个人数字钱包,再点击右上角"扫码付",即可扫描商户收款码付款。

（2）商户扫描用户"数字人民币 App"付款码消费。登录"数字人民币 App",点击个人数字钱包,再点击"上滑付款",显示向商家付款。用户第一次使用付款码向商家付款,可以选择开启或不开启免密支付。用户选择开启小额免密,则输入钱包支付密码后,显示付款码;选择不开启小额免密,直接显示付款码。

课后练习

一、练习手持式单指单张点钞

（一）资料

准备点钞练功券 2 把,捆扎条、图章,笔、印泥和水盒等。

（二）要求

1. 严格按照手持式单指单张点钞法操作的步骤,进行点钞训练,力争每个动作到位,反复多遍直到动作熟练。

2. 同桌同学互相抽取对方若干张练功券,然后在规定的时间内用手持式单指单张点钞法对该把练功券进行清点,最后交换练功券互相复核对方的清点结果。

二、练习手持式扇面点钞法

（一）资料

准备点钞练功券 2 把,捆扎条、图章、笔、印泥和水盒等。

（二）要求

1. 严格按照手持式扇面点钞法操作的步骤,进行点钞训练,注意训练开扇技术、清点方法及记数要领,力争每个动作到位,反复练习直到动作熟练。

2. 互相抽取对方若干张练功券,然后在规定的时间内用扇面点钞法对若干练功券进行清点,然后交换练功券互相复核对方的清点结果。

三、练习手按式点钞法

（一）资料

准备点钞练功券 2 把,捆扎条、图章、笔、印泥和水盒等。

（二）要求

1. 严格按照手按式单指单张点钞法的操作步骤,进行点钞训练,反复练习直到动作熟练。

2. 互相抽取对方若干张练功券,然后在规定的时间内用手按式单指单张点钞法对若干练功券进行清点,最后交换练功券互相复核对方的清点结果。

四、练习第五套人民币防伪识别技术

（一）资料

自备第五套人民币 10 元、20 元、50 元、100 元各一张。

（二）要求

仔细观察各种人民币，指出其防伪特征。

五、熟悉电子货币的交易流程

（一）资料

智能手机1部、微信或支付宝、银行卡。

（二）要求

运用手机通过微信或支付宝等支付手段在网上购买1件商品，总结电子货币交易流程。

六、熟悉数字货币的交易流程

（一）资料

手机1部、数据人民币钱包。

（二）要求

1. 注册并开通数据人民币钱包，运用手机通过微信或支付宝在超市完成一笔支付，总结其交易流程。

2. 阐述电子货币和数字货币在支付过程中的区别。

项目四　传票翻打和 Excel 的应用技能

项目描述

企业进行会计核算、统计报表、财务分析和计划检查等业务活动,都需要大量的财务数据。这些财务数据资料大部分来源于会计凭证、会计账簿的计算和汇总。会计凭证的汇总(传票运算)和账表汇总运算(账表算)速度的快慢和运算结果的准确与否,直接影响到数据的可靠性和及时性,进而影响国家、投资者和债权人等的决策。Excel 电子表格具有强大的数据计算和处理功能,被广泛应用于会计、金融等众多领域。传票翻打及 Excel 的应用技能是会计工作者需要掌握的两项基本功。本项目主要介绍翻打传票、轧平账表和 Excel 的应用技能。

项目目标

知识目标

1. 了解传票的概念和种类。
2. 掌握传票的整理、摆放、翻页、找页和记页技能。
3. 掌握传票的翻打技能。
4. 掌握账表轧平技能。
5. 熟悉 Excel 的基本应用。

技能目标

1. 能够运用计算器和数字小键盘快速准确地翻打传票。
2. 能够运用计算器和数字小键盘快速准确地轧平账表。
3. 能够运用 Excel 电子表格进行基本的会计数据处理。

素质目标

1. 培养学生认真、仔细的职业行为,践行良好的职业道德。
2. 引导学生树立效率意识、责任意识和团队合作意识。

思维导图

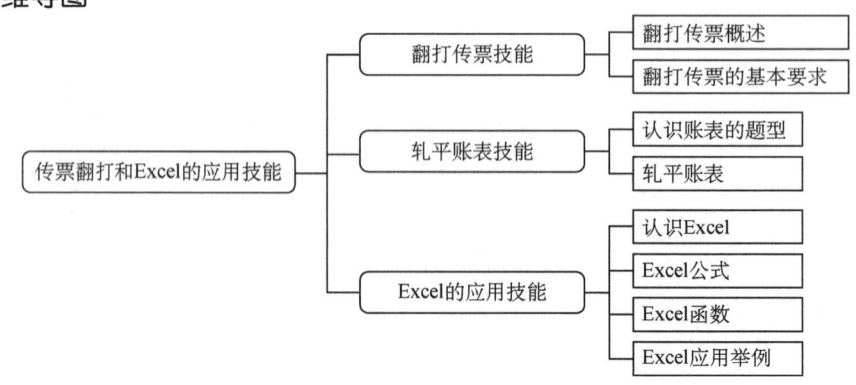

项目四　传票翻打和 Excel 的应用技能

高洁和李爽就读于某职业学校的会计专业,在校期间学习成绩优秀。高洁还参加了全省会计综合技能大赛,获得全省第二名的好成绩。临近毕业,高洁和李爽同时到一家企业应聘,企业准备了点钞和翻打传票两项技能测试。高洁因多次参加各项技能大赛,其娴熟、快速和准确的钞票清点和传票翻打技能,征服了考官,被企业录用。高洁和李爽感到不解,企业为什么选择测试会计技能而不是会计专业知识?考官给出答案是,技能训练需要有吃苦耐劳的精神、持之以恒的毅力和精益求精的工匠精神。技能训练除了运用传统的方法,还需要有创新思维。

任务一　翻打传票技能

一、翻打传票概述

(一) 传票和翻打传票的含义

1. 传票的含义

传票是指各种记有文字和数字的原始单据和凭证,即人们常说的会计凭证,如领料单(表 4-1)。

表 4-1

领料单

材料类别:原材料

领用部门:生产车间　　　　　　2022 年 01 月 13 日　　　　　　领用单:103

材料名称	规格	单位	数量		单价	总价	用途
			请领	实发			
圆钢	Φ12 mm	吨	5	5	5 000	25 000.00	生产 M12*110
圆钢	Φ12 mm	吨	4	4	5 000	20 000.00	生产 M12*200
圆钢	Φ16 mm	吨	2	2	5 600	11 200.00	生产 M16*110
圆钢	Φ16 mm	吨	3	3	5 690	17 070.00	生产 M16*110
圆钢	Φ16 mm	吨	3	3	5 690	17 070.00	生产 M16*200
圆钢	Φ16 mm	吨	2	2	5 600	11 200.00	生产 M16*200
发料部门	刘东瑞	领用部门	杜三强		备注		

第三联　交财务部门

"传票"的由来

我国最初的会计核算,是在钱庄(又称票号)里进行的。每个人都把当天发生的账目记在同一张纸上,并且在他们之间传递,异地之间还需要设密押。"传票"名称由此而来,后来,传票演变成了会计凭证的代名词。

2. 翻打传票的含义

翻打传票又称传票算,是指在经济核算过程中,对各种单据、发票或凭证进行汇总计算的一种方法,一般采用加减运算。翻打传票是加减运算在实际工作中的具体应用,它可以为会计核算、财务分析、统计报表提供及时、准确和可靠的基础数字,是会计工作者必须具备的一项基本功。

传票翻打练习,需要借助于电子计算器、计算机小键盘和算盘等计算工具完成。目前,会计实务中已经很少用到算盘,本着实用和结合现在发展方向的理念,本任务不再介绍珠算传票操作。

(二)传票的种类及规格

1. 传票的种类

传票按是否装订,可分为订本式传票和活页式传票两种。订本式传票是指在使用前就固定装订成册的传票。活页式传票是指在相关岗位流转后汇集起来,定期装订成册的传票。

2. 传票的规格

在实际工作中,传票的规格很多。日常训练使用的传票通常为模拟传票,是仿照订本式传票制作的,内容简化为单纯的金额单位。以会计技能比赛使用的爱丁九位传票(图4-1)为例,说明传票的规格。

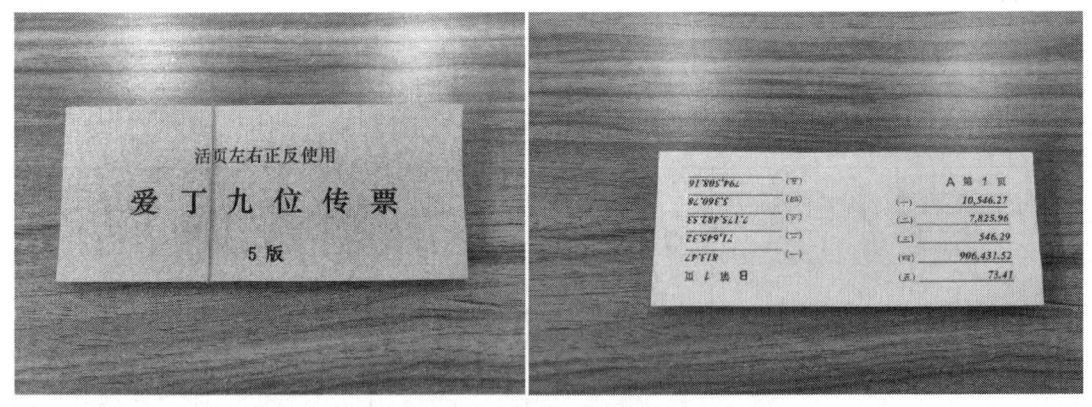

图4-1 爱丁九位传票

会计技能比赛使用的传票,通常采用长约19厘米,宽约8厘米的70克规格书写纸,用4号手写体铅字印刷,每本传票共100页,每页5行数,分别以(一)(二)(三)(四)(五)的顺序号表示行数,数字由四至九位数组成,其中四位数字和九位数字各占10%,五位数、六位数、七位数和八位数各占20%,均为两位小数。

(三)翻打传票的题型

技能比赛中使用的翻打传票算题,如表4-2所示。

表 4-2　　　　　　　　　　　　　　翻打传票算题

题序	起止页数	行数	答案
1	1～20	（三）	
2	35～54	（五）	
3	18～37	（二）	
4	44～63	（一）	
5	9～28	（四）	
6	66～85	（二）	
…	…	…	

表 4-2 中"题序"表示计算顺序；"起止页数"表示某题从哪一页开始计算，至哪一页为止，一般 20 页组成一题；"行次"表示运算的行次。例如，第 1 题要求从第 1 页起，运算到第 20 页止，"（三）"表示把每页第三行数字累加起来，将计算结果写在"答案"栏。

二、翻打传票的基本要求

翻打传票采用的计算工具可以是电子计算器，也可以是计算机上的数字小键盘。翻打传票基本要求如下所述。

（一）端正坐姿

翻打传票时，应保持身体自然平衡，自然放松。进行计算时，应注意左右手协调配合，以提高计算速度。

（二）用品摆放

翻打传票时，要正确摆放用品，如图 4-2 所示。桌面用品的摆放，应以方便看数、记数和有利于翻页为宜。当以电子计算器作为计算工具时，电子计算器放在右手边，传票本放在左手边，答题纸放在中间偏下方的位置；当以数字小键盘作为计算工具时，传票本应放在键盘的字母区域，其他与以计算器作为计算工具时的摆放位置基本相同。

图 4-2　用品摆放

 **学中思**

操作员以电子计算器作为计算工具,进行传票翻打时,传票应放在什么位置合适?

(三) 整理传票

(1) 检查传票。检查传票是否存在缺页、重页和漏页的情况。检查无误后,方可进行下一步工作。

(2) 墩齐传票。双手拿起传票,侧立于桌面墩齐,如图 4-3 所示。

图 4-3 墩齐传票

(3) 开扇传票。左手固定传票左上角,右手沿传票边沿轻折 2~3 次,打开成扇形,扇形角度为 20~25 度,如图 4-4 所示。

图 4-4 开扇传票

（4）固定传票。右手用夹子固定传票左上角，防止翻打时传票散乱。

（四）找页

翻打传票并不是按照传票的自然页数一题一题连续运算，其起始并无规律，需要在运算过程中前后找页（顺找页或倒找页）。找页动作的快慢、准确与否，直接影响翻打传票的速度和准确性。

找页的基本要求是，以电子计算器为计算工具，操作员在用右手书写上一题的运算结果的同时，用眼睛余光看清下一题的起始页数，同时用左手迅速、准确地找到对应页数，做到边写答案边找页；以数字小键盘为计算工具，操作员在用右手敲击数字小键盘，录入上题最后一行数字，用眼睛余光看清下一题的起始页数，同时用左手迅速、准确地找到对应页数，做到边录入，边找页。

准备一本传票，由教师报起始页数，学生快速翻找，或由学生互相报起始页数，进行翻页训练。

（五）翻页

翻页传票的方法如下：

（1）"按"。操作员的左手小指、无名指自然弯曲，按住传票的左端，避免传票移动，中指、食指和拇指自然放在每题的起始页，准备传票的翻打。

（2）"翻"。操作员的左手大拇指的指腹轻轻逐页翻起传票。翻上来后，食指配合拇指把翻过的页码夹在中指与食指的指缝中间，完成一次传票运算，如图 4-5 所示。用同样的操作方法去掀下一页，反复进行。

图 4-5　翻页传票

 **学中做**

> 准备一本传票,学生边看传票边翻页,从第 1 页连续向后翻动传票直到最后一页。练习不看传票翻页,从第 1 页连续向后翻动传票直到最后一页。用左手连续进行翻页,由少至多,循序渐进。

(六)翻打

翻打传票时,眼、手、脑应协调一致。左手翻开传票时,眼睛迅速看完上面的数字,大脑同时记住这些数字;右手连续不断地将此行数字录入计算器或数字小键盘中,确保右手未打完当页数字,左手已经翻到下一页,保持动作流畅,如图 4-6 所示。

图 4-6 翻打传票

为了避免计算过页而影响运算速度,在翻打传票时,还应掌握记页的方法,即在运算中记住终止页。当估计快要运算完该题时,眼睛余光扫视传票的页码,以防过页。

任务二 轧平账表技能

 **知识课堂**

一、认识账表的题型

常见的账表题型有 20 行 5 列和 10 行 7 列两种。但在实际工作中,由于账表内容所反映的经济业务的时间不同,其行数和列数也不尽相同。

（一）10 行 7 列账表

10 行 7 列账表的题型为横向 10 个算题，纵向 7 个算题，纵横轧平后算出总计数，如表 4-3 所示。

表 4-3　　　　　　　　　　　　　　　10 行 7 列账表

题号	（一）	（二）	（三）	（四）	（五）	（六）	（七）	合计
1	28 904.53	63 254.21	7 436.52	25 683.69	2 901.43	4 785.36	350.49	
2	6 179.32	7 891.03	3 968.56	58 783.91	85.63	9 046.73	8 019.72	
3	1 086.43	4 987.23	5 636.54	5 563.24	5 074.63	8 573.26	2 643.98	
4	2 490.61	−69.36	33.98	4 452.32	8 140.57	1 490.17	−187.98	
5	48 572.96	30 736.59	30 798.52	3 369.54	1 607.39	5 914.82	4 251.68	
6	5 968.73	9 147.02	3 256.96	14 789.25	3 596.48	2 607.39	9 136.02	
7	7 519.80	89 563.65	8 745.29	5 879.36	1 782.36	3 871.45	−236.58	
8	−2.04	33 268.32	8 754.63	7 863.54	4 165.70	6 035.68	7 843.90	
9	3 671.38	3 251.23	6 532.39	5 568.56	9 314.85	−89.63	87.63	
10	10 345.72	−98.23	8 957.36	2 547.39	6 027.58	4 639.87	8 723.65	
合计								

（二）20 行 5 列账表

20 行 5 列账表的题型为横向 20 个算题，纵向 5 个算题，纵横轧平后算出总计数，如表 4-4 所示。

表 4-4　　　　　　　　　　　　　　　20 行 5 列账表

题号	（二）	（三）	（四）	（五）	合计
1	4 756 232.12	256 825.23	456 921.25	87 542.631	
2	254 532.98	22 541.38	352 181.78	23 541.56	
3	5 526.35	78 456.25	234 573.58	25 687.38	
4	326 589.87	12 478.33	12 351.25	369 741.35	
5	258 721.86	43 852.38	89 714.21	256.25	
6	22 684.82	38 089.58	36 298.35	1 423.24	
7	47 891.84	780 943.25	4 458 932.25	587 932.78	
8	14 258.24	1 852 607.32	3 258 723.34	336 841.69	
9	78 962.23	4 078.52	256 365.68	25 841.54	
10	22 365.74	52 814.69	25 741.27	2 568.17	

(续表)

题号	（二）	（三）	（四）	（五）	合计
11	259 874.71	293 568.63	2 415 925.28	65 872.71	
12	25 412.70	74 135.62	3 365 446.29	697 414.18	
13	33 695.72	67 230.65	258 362.23	21 468.81	
14	4 456 987.75	46 507.68	2 569 734.26	35 753.19	
15	452 369.76	8 367.67	332 524.28	69 412.91	
16	25 879.79	8 310 294.64	332 521.23	36 987.14	
17	25 487.73	518 615.35	445 874.21	35 687.41	
18	336 925.73	336 597.52	2 241.24	45 217.15	
19	12 879.87	4 456 325.53	35 287.27	32 191.51	
20	69 812.88	872 564.52	42 587.26	22 562.13	
合计					

为什么称账表算又称轧平账表？

二、轧平账表

（一）用品摆放

账表摆放在操作台左侧，电子计算器放在操作员右前方。电子计算器和账表尽量接近，以便看数、击键和抄写答案。

（二）纵向计算

以 20 行 5 列账表为例，纵向计算要点如下：

（1）用左手的食指指向第 1 列第 1 行的数字，右手用规范的指法敲击相应的键位，左手的食指尖随录入的进度，配合向下移动，直到将第 20 行数字录完为止，最后将计算结果书写在第 1 列最下边合计栏内，将电子计算器快速归零。

（2）将左手的食指迅速移向第 2 列第 20 行数字，右手敲击相应的键位，左手的食指尖随录入的进度，配合向上移动，直到将第 1 行数字录完为止，最后将计算结果书写在第 2 列最下边合计栏内，将电子计算器快速归零。

（3）第 3、第 4 和第 5 列的计算过程与第 2 列相同，都从最下行开始录入。这样书写答案的位置离将要开始录入的数字保持最近的距离，便于快速衔接，防止串列。为了减少操作次数，在书写完第 5 列合计数后，不要将电子计算器归零，而将计算结果保留在电子计算器上。接着，将以前书写的第 1 至第 4 列的合计数依次累加，并将计算结果抄写在账表的右下角轧平栏内。

(三) 横向计算

以 20 行 5 列账表为例,横向计算要点如下:

(1) 左手的食指指向第 1 行数字的最左边一列,右手用规范的指法敲击相应的键位。左手的食指尖随录入的进度,配合向右移动,直到将第 5 列数据录完为止,最后将结果书写在第 1 行最右边合计栏内,将电子计算器快速归零。

(2) 左手的食指迅速移向第 2 行的最右边一列数字,右手敲击相应的键位,左手的食指尖随录入的进度,配合向左移动,直到将第 1 列数据录完为止,最后将结果书写在第 2 行最右边合计栏内,将电子计算器快速归零。

(3) 第 3 至第 20 行的计算过程与第 2 行相同,都从右边开始录入。

根据表 4-3 提供的数据,完成账表计算,并将结果填入相应栏内。

账表的计算顺序可以是先进行纵向计算,再进行横向计算;也可以先进行横向计算,再进行纵向计算。先横向后纵向的具体操作方法与上面的步骤相同。

提高账表运算速度的技巧

(1) 在账表计算中,应"分节看数、分节记数、分节录入、边看边录、分节写答案",不可看一个数字录一个数字。看数时,分节的节数越少越好,看数时切忌念出声,头部不要左右或上下摆动。

(2) 在账表算中,当右手录入该笔数字的最后一节时,左手就要提前移动,指向将要开始的新一行(列)数字。同时,眼睛也要盯住新的一行(列)数字,开始看、记,始终做到眼、手、脑协调配合。

(3) 计算完毕书写答案时,要快速、准确和规范。如果答案书写错误,可以用划线订正法更正。

任务三 Excel 的应用技能

一、认识 Excel

Excel 是微软公司推出的 Office 办公系列软件的一个重要组成部分,主要用于电子表格的处理。Excel 可以高速地完成各种表格和图形的设计,具有强大的数据组织、计算、分析和统计功能,广泛应用于财务、统计、金融和审计等众多领域。

(一) Excel 的工作界面

Excel 工作界面主要由标题栏、工具栏、编辑栏、菜单栏等部分构成,如图 4-7 所示。

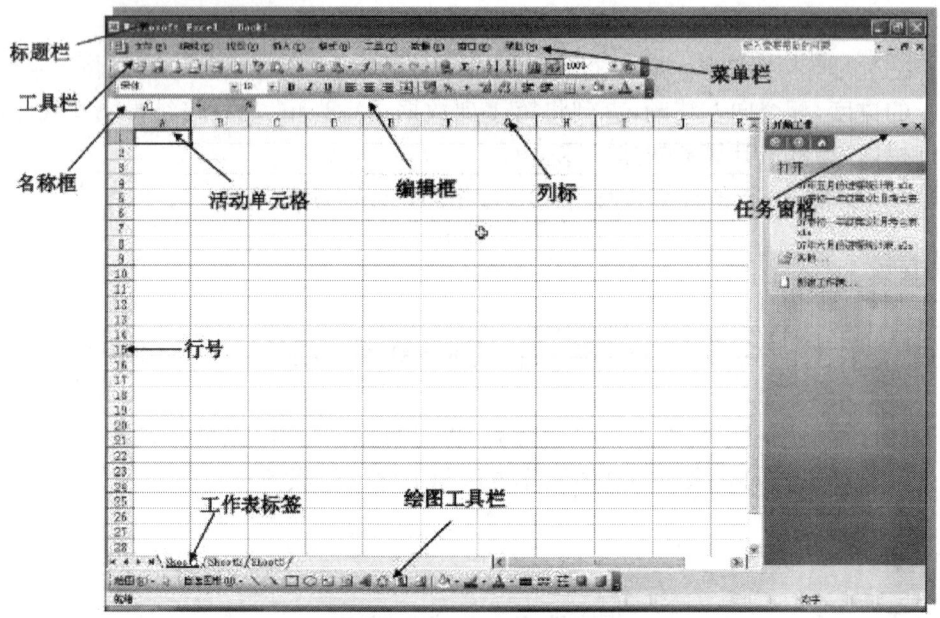

图 4-7　Excel 工作界面

(二) Excel 的功能简介

1. 数据记录与整理

孤立的数据包含的信息量太少,而过多的数据又难以厘清头绪。用户使用 Excel 制作成表格是数据管理的重要手段。

2. 数据加工与计算

在现代办公中,用户对数据的要求不仅仅是存储和查看,更多的时候需要对现有的数据进行加工和计算。

3. 数据统计与分析

用户要从大量的数据中获得有用的信息,单单依靠计算是不够的。用户还需要沿着某种思路,运用对应的技巧和方法进行科学分析,得出有用的结果。

4. 利用图表展示数据

图表可以更加直观地展示数据,使数据更具说服力。在各类报表和说明性文件中,用直观的图表展现数据,是最简洁和形象的表达方式。

5. 数据处理的自动化功能

Excel 本身的功能,已经能够满足绝大多数用户的需要。但是,有些用户对计算和分析的要求比较高,当内置的功能不能满足用户要求时,可以采用 VBA 来解决。

6. 信息传递和共享

Excel 具有连接和嵌入功能。用户可以利用该功能将其他软件制作的图形插入 Excel 的工作表中。

二、Excel 公式

(一) 公式概述

公式是指连续的一组数据和运算符组成的序列。Excel 公式以"＝"开始,后面是参与运算的元素和运算符。元素可以是常量数值、单元格引用、标志名称及工作表函数等。

1. 运算符

Excel 的运算符包括算术运算符、比较运算符、文本运算符和引用运算符四类。

(1) 算术运算符。算术运算符是指用来完成基本的数学运算的符号。算术运算符包括"＋""－""×(＊)""÷(/)""％"和"^"等符号。

(2) 比较运算符。比较运算符是指用来对两个数值进行比较的运算符号。比较运算符产生的结果为逻辑值 True(真)或 False(假)。比较运算符包括"＝"">"">＝""＜＝"和"＜＞"等符号。

(3) 文本运算符。文本运算符(&)是指用来将一个或多个文本字符串组合成一个文本显示的运算符号。例如,"Micro"&"soft"的结果为"Microsoft"。

(4) 引用运算符。引用运算符是指用来将单元格区域合并运算的运算符。

2. 运算顺序

运算顺序是指若公式中同时用到了多个运算符,将按优先级大小决定运算顺序,一般先进行优先级小的运算。预算符运算优先级顺序,如表 4-5 所示。

表 4-5　　　　　　　　　　　预算符运算优先级

优先级	1	2	3	4	5	6
运算种类	％	^	＊或/	＋或－	&	＝、＜、＞、＜＝、＞＝、＜＞

说明:

(1) 公式中包含了相同优先级的运算符,Excel 将从左到右进行计算。

(2) 修改计算的顺序,应把公式需要首先计算的部分括在圆括号内。

(3) 公式中运算符的顺序从高到低依次为:(冒号)、(逗号)、(空格)、负号、％(百分比)、^(乘幂)、＊和/(乘和除)、＋和－(加和减)、&(连接符)、比较运算符。

(二) 单元格引用

Excel 单元格的引用包括绝对引用、相对引用和混合引用三种。

1. 绝对引用

单元格的绝对引用是指被引用的单元格与引用的单元格的位置关系是绝对的,如果公式所在单元格的位置改变,绝对引用的单元格始终保持不变。如果多行或多列地复制公式,绝对引用不作调整。

例如,某企业编制的产品销售提成表,如图 4-8 所示。请根据不同的销售金额和相同的提成比例,计算销售人员的提成金额。

其具体操作步骤如下:

(1) 在 C8 单元格中输入公式"＝B8＊B3"。

(2)按"Enter"键,得到计算结果"20 000"。

(3)选择C8单元格,并将鼠标指针置于单元格的右下角,当鼠标指针变成"+"形状时,按住鼠标左键不放,拖动鼠标至C11单元格,计算出甲产品所有销售人员销售提成,如图4-9所示。

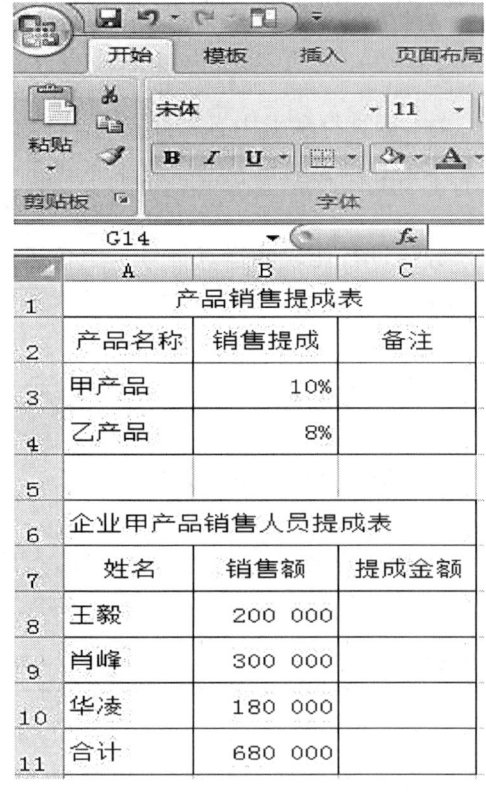

图4-8 提成率不变销售提成表(1)

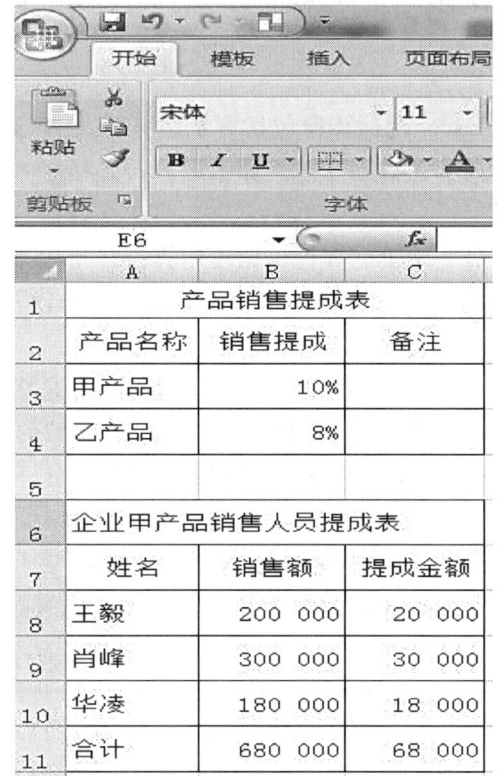

图4-9 提成率不变销售提成表(2)

2. 相对引用

单元格相对引用是指在公式中直接对单元格的行号、列标这种相对位置进行的引用。如果公式所在单元格的位置改变,引用也随之改变。如果多行或多列地复制公式,引用会自动调整。

例如,某企业编制的产品销售提成表,如图4-10所示。请根据不同的销售金额和提成比例,计算销售人员的提成金额。

其具体操作步骤如下:

(1)在D4单元格中输入公式"=B4*C4"。

(2)按"Enter"键计算出结果"20 000"。

(3)选择D4单元格,并将鼠标指针置于单元格的右下角,当鼠标指针变成"+"形状时,按住鼠标左键不放,拖动鼠标至D6单元格,计算出所有产品销售人员销售提成,如图4-11所示。

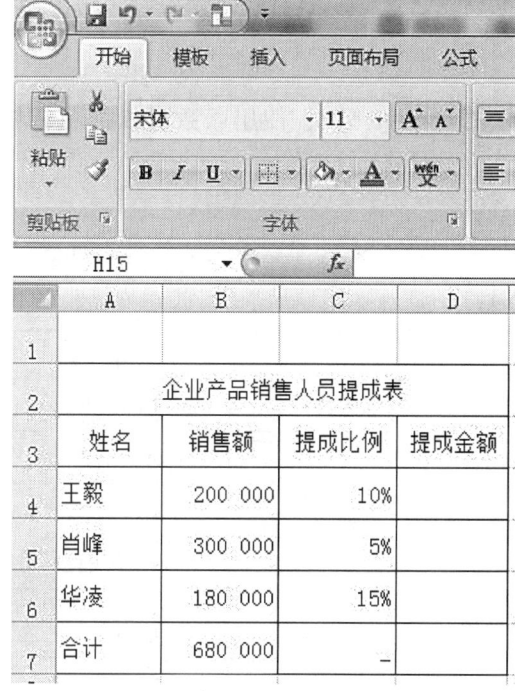
图 4-10　提成率变动销售提成表(1)

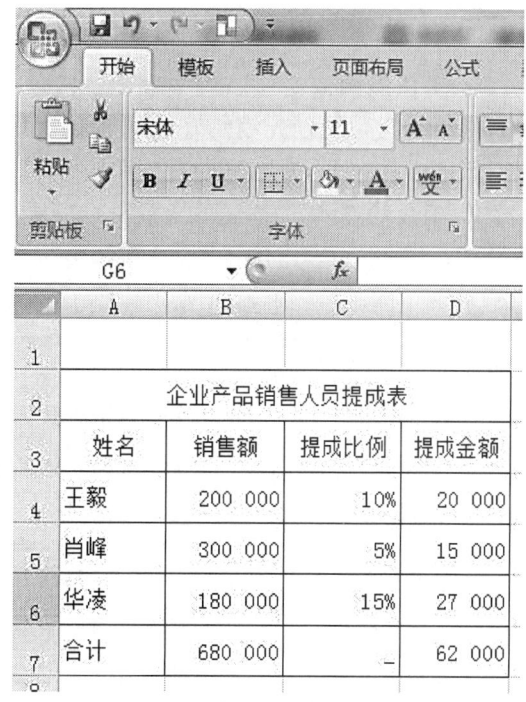
图 4-11　提成率变动销售提成表(2)

学中做

在 Excel 工作表中,A1 单元格输入 7,B1 单元格输入 6,A2 单元格输入 3,B2 单元格输入 4,在 C1 单元格中输入公式"＝A1＋B1",并将公式复制到 C2 单元格。则 C2 单元格的运算结果是多少?

3. 混合引用

混合引用具有绝对列和相对行,或是绝对行和相对列。绝对引用列采用＄A1、＄B1 等形式,绝对引用行采用 A＄1、B＄1 等形式。如果公式所在单元格的位置发生改变,则相对引用改变,而绝对引用不变。如果多行或多列地复制公式,则相对引用自动调整,绝对引用不作调整。

学中思

在 Excel 表格中,计算公式含有单元格引用。复制粘贴时,相对引用单元格公式会发生相应变动,绝对引用公式不发生变动。请思考混合引用中单元格地址是否发生变动?

三、Excel 函数

(一) 认识函数

函数是指系统预先编制好的用于数值计算和数据处理的公式,使用函数可以简化或缩短工作表中的公式,使数据处理简单方便。

1. 函数的分类

Excel 提供了丰富的函数,这些函数按功能不同,可以分为 11 个类型,如表 4-6 所示。

表 4-6　　　　　　　　　　函数分类表

序号	类型	作用	示例
1	数据库函数	分析数据清单中的数值是否符合特定条件	DAVERAGE 函数
2	日期与时间函数	分析和处理日期值和时间值	TODAY 函数
3	工程函数	工程分析	IMSQRT 函数
4	财务函数	进行一般的财务计算	FV 未来值函数
5	信息函数	确定存储在单元格中的数据的类型	INFO 函数
6	逻辑函数	进行真假值判断,或者进行复合检验	IF 函数
7	查询和引用函数	查找特定数值,或者需要查找某一单元格的引用	VLOOKUP 函数
8	数学和三角函数	处理简单和复杂的数学计算	SUM 函数
9	统计函数	用于对数据区域进行统计分析	MAX 函数
10	文本函数	在公式中处理文字串	TEXT 函数
11	用户自定义函数	在公式或计算中使用特别复杂的计算	

2. 函数的输入

在 Excel 中,输入函数的方法有两种:

(1) 选择单元格,在编辑栏中输入"=函数(参数1,参数2…)"。

(2) 选择单元格,点击编辑栏前的"fx"或"公式 | 函数库 | "插入函数。

(二) 会计常用函数

1. SUM 函数

(1) SUM 函数作用。SUM 函数用于计算一系列数字之和。

(2) SUM 函数示例。例如,计算"3+2"的和,输入公式"=SUM(3,2)",计算结果返回"5"。

学中做

20×2 年 1～6 月,华美公司管理费用中的招待费、差旅费和办公费发生情况,如图 4-12 所示。

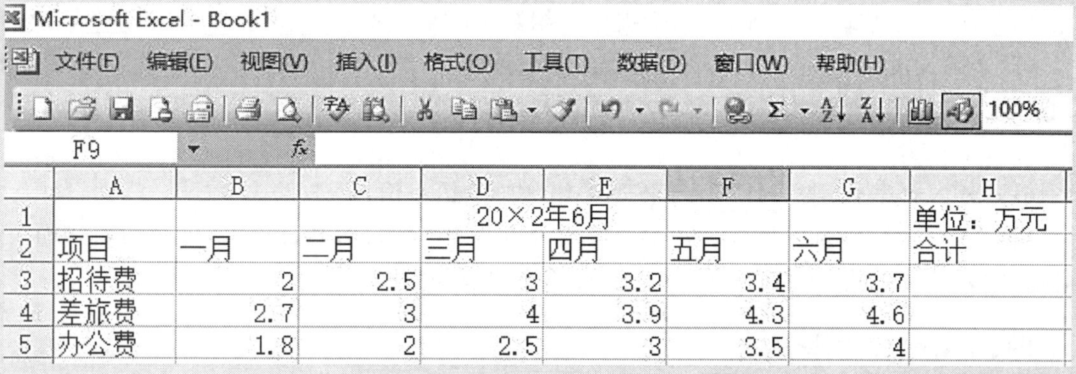

```
Microsoft Excel - Book1
文件(F) 编辑(E) 视图(V) 插入(I) 格式(O) 工具(T) 数据(D) 窗口(W) 帮助(H)
F9
```

	A	B	C	D	E	F	G	H
1				20×2年6月				单位：万元
2	项目	一月	二月	三月	四月	五月	六月	合计
3	招待费	2	2.5	3	3.2	3.4	3.7	
4	差旅费	2.7	3	4	3.9	4.3	4.6	
5	办公费	1.8	2	2.5	3	3.5	4	

图 4-12 华美公司管理费用部分项目统计表（初始数据）

要求：设置计算公式并计算 1~6 月该公司费用合计。

2. COUNT 函数

（1）COUNT 函数作用。COUNT 函数用于统计数字的个数。

（2）COUNT 函数示例。例如，生成第一列的序列号，输入公式"＝COUNT(A＄1：A1)＋1"，计算结果第一列返回"1,2,3…"。

3. AVERAGE 函数

（1）AVERAGE 函数作用。AVERAGE 用于计算返回参数平均值（算术平均）。

（2）AVERAGE 函数示例。例如，A1:A5 数值分别为 10,7,9,27,2，计算其算术平均数。输入公式"＝AVERAGE(A1:A5)"，计算结果返回"11"。

 学中做

20×2 年 1~6 月，华美公司管理费用中的招待费、差旅费、办公费发生情况，如图 4-13 所示。

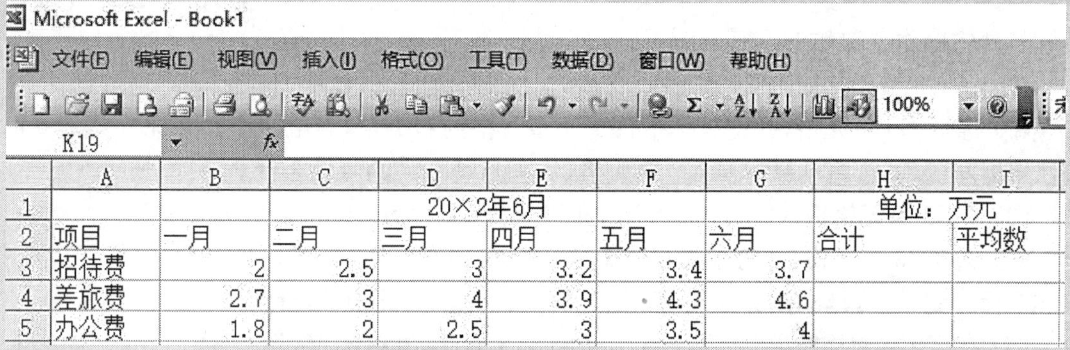

```
Microsoft Excel - Book1
文件(F) 编辑(E) 视图(V) 插入(I) 格式(O) 工具(T) 数据(D) 窗口(W) 帮助(H)
K19
```

	A	B	C	D	E	F	G	H	I
1				20×2年6月					单位：万元
2	项目	一月	二月	三月	四月	五月	六月	合计	平均数
3	招待费	2	2.5	3	3.2	3.4	3.7		
4	差旅费	2.7	3	4	3.9	4.3	4.6		
5	办公费	1.8	2	2.5	3	3.5	4		

图 4-13 华美公司管理费用部分项目统计表（初始数据）

要求：计算该公司各费用项目平均数。

4. MAX 函数

(1) MAX 函数作用。MAX 用于提取一组数中的最大值。

(2) MAX 函数示例。例如,A1:A7 数值分别为 71,83,76,49,92,88,96,提取区域内最大值。输入公式"=MAX(A1:A7)",计算结果返回"96"。

5. MIN 函数

(1) MIN 函数作用。MIN 用于提取一组数中的最小值。

(2) MIN 函数示例。例如,A1:A7 数值分别为 71,83,76,49,92,88,96,提取区域内最小值。输入计算公式"=MIN(A1:A7)",计算结果返回"49"。

四、Excel 应用举例

20×2 年 1 月,华美公司行政科工资明细表,如图 4-14 所示。请计算行政科职工应发合计和实发工资。

	A	B	C	D	E	F	G	H	I	J	K
1	华美公司20×2年1月行政科工资明细表										
2	员工编号	姓名	部门	基本工资	补贴与津贴	奖金	应发合计	事假扣款	旷工扣款	扣款合计	实发工资
3	1001	张一三	行政科	4000	500	1000		100			
4	1002	李飞	行政科	4500	600	1500					
5	1003	王彤	行政科	3000	400	1200					
6	1004	何明	行政科	3200	200	2300					
7	1005	华峰	行政科	2300	300	900			50		

图 4-14 华美公司 20×2 年 1 月行政科工资明细表初始数

华美公司工资计算公式如下:

应发合计=基本工资+补贴与津贴+奖金

扣款合计=事假扣款+旷工扣款

实发工资=应发合计-扣款合计

其具体操作步骤如下:

(1) 在 G3 单元格输入"=D3+E3+F3",击回车键确认,显示"5 500"。

(2) 选择 G3 单元格,并将鼠标指针置于单元格的右下角,当鼠标指针变成"+"形状时,按住鼠标左键不放,拖动鼠标至 G7 单元格,计算出每个人的应发合计。

(3) 在 J3 单元格输入"=H3+I3",击回车键确认,显示"100"。

(4) 选择 J3 单元格,并将鼠标指针置于单元格的右下角,当鼠标指针变成"+"形状时,按住鼠标左键不放,拖动鼠标至 J7 单元格,计算出每个人的扣款合计。

(5) 在 K3 单元格输入"=G3-J3",击回车键确认,显示"5 400"。

(6) 选择 K3 单元格,并将鼠标指针置于单元格的右下角,当鼠标指针变成"+"形状时,按住鼠标左键不放,拖动鼠标至 K7 单元格,计算出每个人的实发工资,如图 4-15 所示。

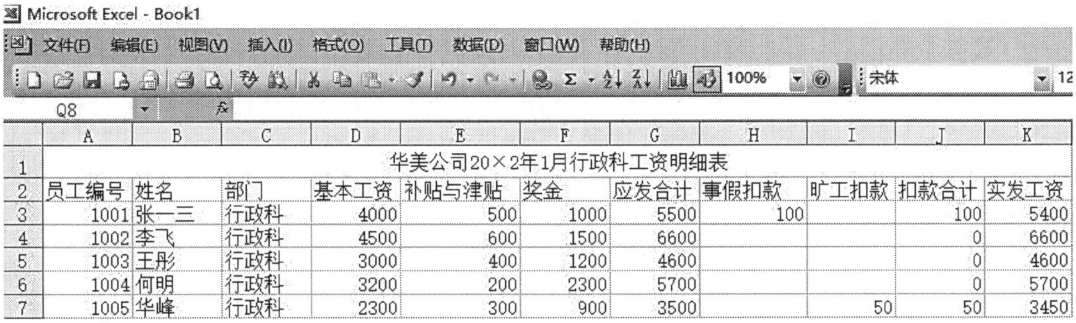

图 4-15　华美公司 20×2 年 1 月行政科工资明细

课后练习

一、传票翻页训练

(一) 资料

一本爱丁九位传票。

(二) 要求

1. 练习看传票翻页,从第一页连续向后翻动传票,直到最后一页。熟练后再练习不看传票翻页,从第一页连续向后翻动传票,直到最后一页。

2. 左手连续进行翻页。由少至多(从 20 页起逐渐增加到 100 页),循序渐进。

3. 做翻看练习。翻一页看一笔数字,再翻到下一页看同一行数字,在规定时间内计算翻看的页数。

二、找页训练

(一) 资料

一本爱丁九位传票。

(二) 要求

1. 进行单页翻找训练。由教师报起始页数,学生快速翻找;或由学生互相报起始页数,进行翻找训练。

2. 进行多页翻找训练。由教师给出一组起始页数(有序和无序),学生进行连续翻找。

例如,有序找页:4、15、21、37、42、56、61、78、80…

无序找页:17、5、26、13、65、32、49、10、73、58…

三、翻打传票 10 组 20 页规则题型练习

(一) 资料

爱丁九位传票一本、电子计算器或翰林提智能学习机。

(二) 要求

进行 10 组 20 页翻打传票训练,将答案填入表 4-7。

表 4-7　　10 组 20 页翻打传票训练

题序	起止页数	行数	答案
1	2～21	(一)	
2	17～36	(五)	
3	24～43	(三)	
4	64～83	(二)	
5	31～50	(四)	
6	16～35	(五)	
7	50～69	(一)	
8	56～75	(三)	
9	23～42	(四)	
10	79～98	(二)	

四、翻打传票 20 组 20 页规则题型练习

(一) 资料

爱丁九位传票一本、电子计算器或翰林提智能学习机。

(二) 要求

进行 20 组 20 页翻打传票训练,将答案填入表 4-8。

表 4-8　　20 组 20 页翻打传票训练

题序	起止页数	行数	答案	题序	起止页数	行数	答案
1	2～21	(一)		11	16～35	(五)	
2	17～36	(五)		12	50～69	(一)	
3	24～43	(三)		13	56～75	(三)	
4	64～83	(二)		14	23～42	(四)	
5	31～50	(四)		15	79～98	(二)	
6	75～94	(五)		16	45～64	(四)	
7	26～45	(一)		17	16～35	(三)	
8	50～69	(二)		18	39～58	(五)	
9	37～56	(四)		19	19～38	(一)	
10	63～82	(三)		20	36～55	(二)	

五、账表 10 行 7 列练习

(一) 资料

1. 10 行 7 列账表资料,如表 4-9 所示。

表 4-9　　　　　　　　　　　　　　　10 行 7 列账表

题号	(一)	(二)	(三)	(四)	(五)	(六)	(七)	合计
1	28 904.53	63 254.21	7 436.52	25 683.69	2 901.43	4 785.36	350.49	
2	6 179.32	7 891.03	3 968.56	58 783.91	85.63	9 046.73	8 019.72	
3	1 086.43	4 987.23	5 636.54	5 563.24	5 074.63	8 573.26	2 643.98	
4	2 490.61	−69.36	33.98	4 452.32	8 140.57	1 490.17	−187.98	
5	48 572.96	30 736.59	30 798.52	3 369.54	1 607.39	5 914.82	4 251.68	
6	5 968.73	9 147.02	3 256.96	14 789.25	3 596.48	2 607.39	9 136.02	
7	7 519.80	89 563.65	8 745.29	5 879.36	1 782.36	3 871.45	−236.58	
8	−2.04	33 268.32	8 754.63	7 863.54	4 165.70	6 035.68	7 843.90	
9	3 671.38	3 251.23	6 532.39	5 568.56	9 314.85	−89.63	87.63	
10	10 345.72	−98.23	8 957.36	2 547.39	6 027.58	4 639.87	8 723.65	
合计								

2. 电子计算器。

(二) 要求

根据 10 行 7 列账表数据,进行账表算训练,纵横轧平,将答案填入表 4-9。

六、账表 20 行 5 列练习

(一) 资料

1. 20 行 5 列账表资料,如表 4-10 所示。

表 4-10　　　　　　　　　　　　　　　20 行 5 列账表

题号	(二)	(三)	(四)	(五)	合计
1	4 756 232.12	256 825.23	456 921.25	875 42.631	
2	254 532.98	2 2541.38	352 181.78	23 541.56	
3	5 526.35	78 456.25	234 573.58	25 687.38	
4	326 589.87	12 478.33	12 351.25	369 741.35	
5	258 721.86	43 852.38	89 714.21	256.25	
6	22 684.82	38 089.58	36 298.35	1 423.24	
7	4 7891.84	780 943.25	4458 932.25	587 932.78	
8	14 258.24	1 852 607.32	3 258 723.34	336 841.69	
9	78 962.23	4 078.52	256 365.68	25 841.54	
10	22 365.74	52 814.69	25 741.27	2 568.17	
11	259 874.71	293 568.63	2 415 925.28	65 872.71	
12	25 412.70	74 135.62	3 365 446.29	697 414.18	
13	33 695.72	67 230.65	258 362.23	21 468.81	
14	4 456 987.75	46 507.68	2 569 734.26	35 753.19	

(续表)

题号	(二)	(三)	(四)	(五)	合计
15	452 369.76	8 367.67	332 524.28	69 412.91	
16	25 879.79	8 310 294.64	332 521.23	36 987.14	
17	25 487.73	518 615.35	445 874.21	35 687.41	
18	336 925.730	336 597.52	2 241.24	45 217.15	
19	12 879.87	4 456 325.53	35 287.27	32 191.51	
20	69 812.88	872 564.52	42 587.26	22 562.13	
合计					

2. 电子计算器。

（二）要求

根据 20 行 5 列账表数据，进行账表算训练，纵横轧平，将答案填入表 4-10。

七、Excel 基本应用练习

（一）资料

某中职学校 2022 级会计事务专业第一学期学生成绩单，如图 4-16 所示。

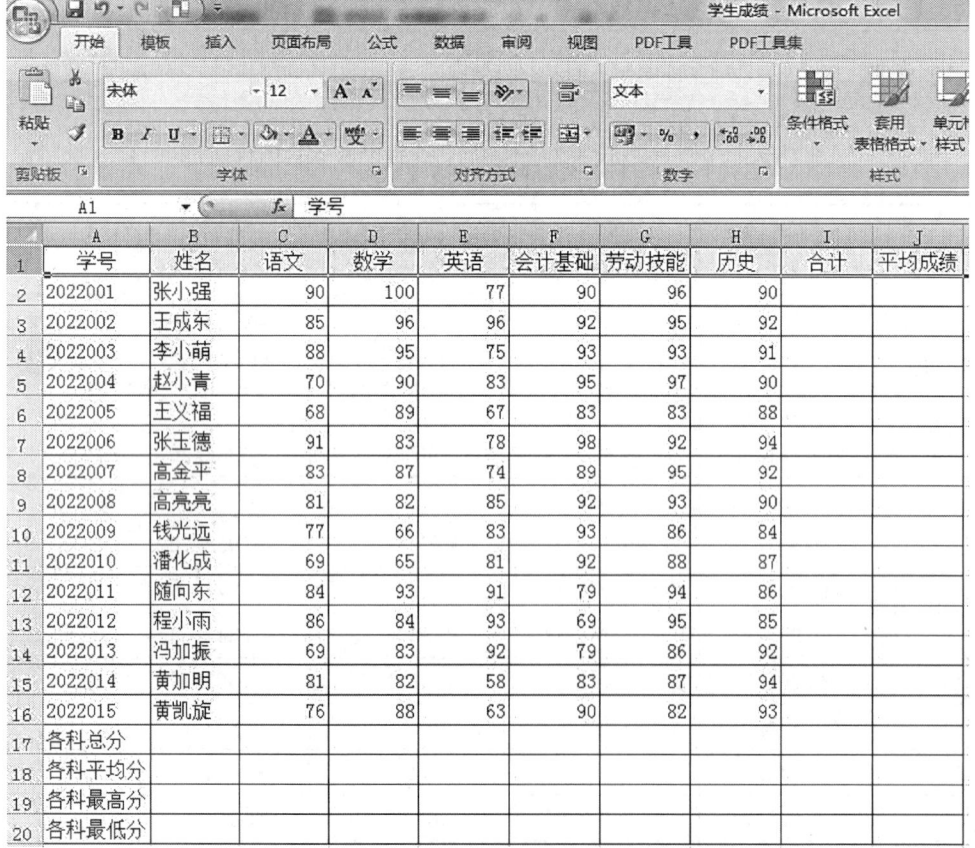

图 4-16　2022 级会计事务专业第一学期学生成绩单

（二）要求

利用 Excel 的计算功能，设置计算公式，完成下列操作：

1. 计算每个人的总成绩和平均成绩。
2. 计算每科总分和平均分。
3. 计算每科最高分和最低分。

项目五　票据和财务印鉴的应用技能

 项目描述

票据是指出票人依法签发的由自己或指示他人无条件支付一定金额给收款人或持票人的有价证券。根据《中华人民共和国票据法》规定，票据行为人必须在票据上签章，其票据行为才能产生法律效力。票据具有支付、汇兑、信用和结算功能。票据使用不当或管理不善，很可能给单位带来不必要的纠纷和损失。本项目主要介绍票据和财务印鉴的管理和使用。

 项目目标

知识目标
1. 了解票据的含义及分类。
2. 理解票据的功能及特征。
3. 掌握票据的填写方法。
4. 熟悉各种印章的用途。
5. 掌握财务印鉴的管理和使用。
6. 熟悉电子印章的使用。

技能目标
1. 能够正确填制支票、银行汇票申请书、银行本票申请书和商业汇票等。
2. 能够正确使用和管理财务印鉴。
3. 能够正确使用电子印章。

素质目标
1. 结合票据诈骗案例对学生进行法治教育，提高学生法治观念和法律意识，引导学生做社会主义法治的自觉遵守者和坚定捍卫者。
2. 结合财务印鉴的使用案例，认识印鉴在生活中的重要性，增强规矩意识，提高技能水平。
3. 结合电子印章的使用案例，引导学生树立终身学习的理念。

思维导图

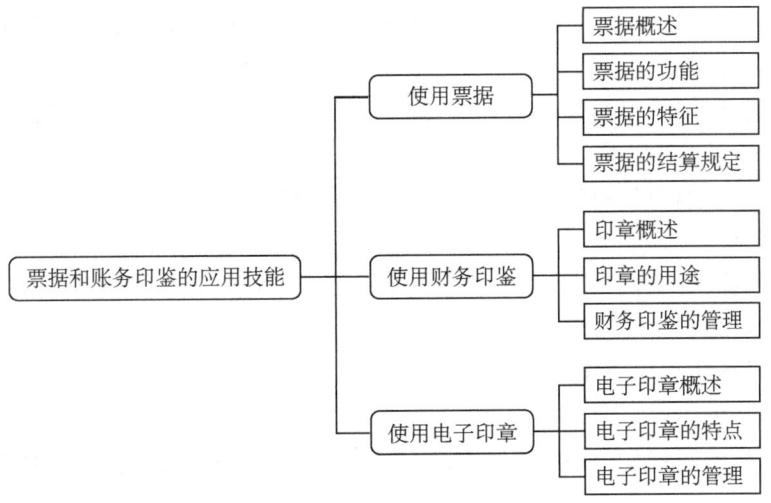

案例导入

20×2年7月,于某某在网上购买了一张30万元的虚假银行承兑汇票,并加盖了甲医药有限公司的财务专用章。于某某将该伪造的银行承兑汇票用于支付河南C公司30万元的药品采购款。银行汇票到期,C公司办理结算时被银行告知该汇票为伪造票据,银行拒付。C公司将于某某和甲医药公司起诉到当地人民法院。甲医药公司辩称公司财务专用章为出纳人员未经单位批准私自加盖,属于个人行为,单位不应承担责任。法院审理认为,被告人于某某明知银行承兑汇票是伪造的,还使用该汇票骗取他人财物价值30万元,数额较大,其行为已构成票据诈骗罪;甲医药公司盖章有效,不得以出纳个人行为为由对抗善意第三人,应承担连带责任。判决被告人于某某犯票据诈骗罪,处有期徒刑5年,并处罚金人民币10万元;甲医药公司赔偿C公司损失并承担诉讼费用,共计32万元。该案例涉及于某某伪造票据犯罪行为和甲公司财务印鉴管理不当行为。

任务一 使用票据

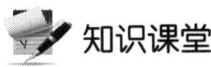

一、票据概述

票据是指出票人依法签发的由自己或指示他人无条件支付一定金额给收款人或持票人的有价证券。广义的票据,泛指各种有价证券和凭证,如债券、股票、提单、国库券和发票等;狭义的票据,仅指以支付金钱为目的的有价证券,即出票人根据票据法签发的,由自己无条件支付确定金额或委托他人无条件支付确定金额给收款人或持票人的有价证券。在我国,票据即汇票(银行汇票和商业汇票)、支票和本票(银行本票)的统称。

二、票据的功能

票据的功能是指票据在社会经济生活中的作用,票据的功能主要包括以下几方面。

(一) 汇兑功能
汇兑功能是指票据可以代替货币在异地间运送,方便异地间的支付结算。

(二) 支付功能
支付功能是指票据可以充当支付工具,代替现金使用。

(三) 信用功能
信用功能是指票据当事人可以凭借自己的信誉,将未来才能获得的金钱提前使用。

(四) 结算功能
结算功能是指票据可以抵销债务。

(五) 融资功能
融资功能是指票据具有融通资金或调度资金的功能。该功能是通过票据的贴现、转贴现和再贴现实现的。

三、票据的特征

(一) 票据是要式证券
票据必须具备法定的格式要件。

(二) 票据是文义证券
票据上的权利义务只依票据上所记载的文义来确定。票据文义以外的任何事实与证据皆不能用来作为认定票据上的权利和义务的证据。

(三) 票据是无因证券
票据上的权利与义务,不以任何原因为其有效的条件。

(四) 票据是设权证券
票据权利是经过出票人的出票行为而产生,即由出票行为设立票据权利。

(五) 票据是流通证券
票据的权利仅以背书或交付即可有效转让。

四、票据的结算规定

(一) 支票

1. 支票的含义和分类

支票是指由出票人签发的,委托办理支票存款业务的银行或者其他金融机构在见票时无条件支付确定的金额给收款人或者持票人的票据。

支票按照使用要求,可分为现金支票、转账支票和普通支票三类。

(1) 现金支票。支票上印有"现金"字样的为现金支票,只能用于支取现金,如图 5-1 所示。

(2) 转账支票。支票上印有"转账"字样的为转账支票,只能用于转账,不得支取现金,如图 5-2 所示。

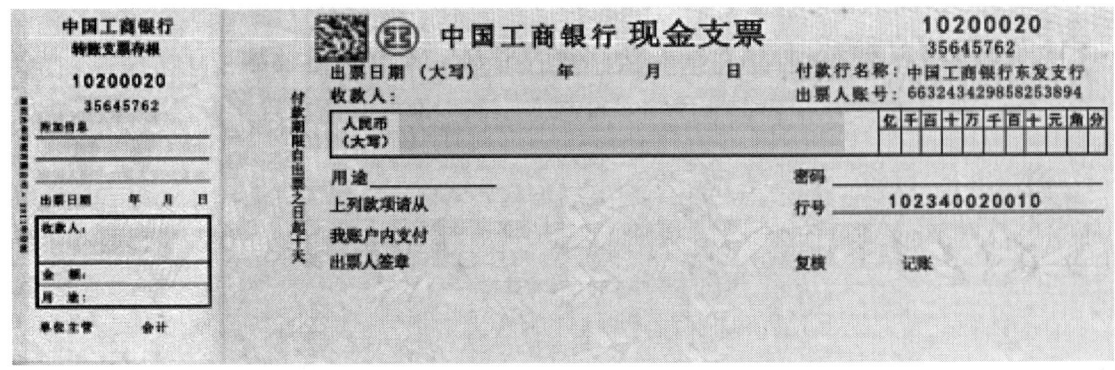

图 5-1 现金支票

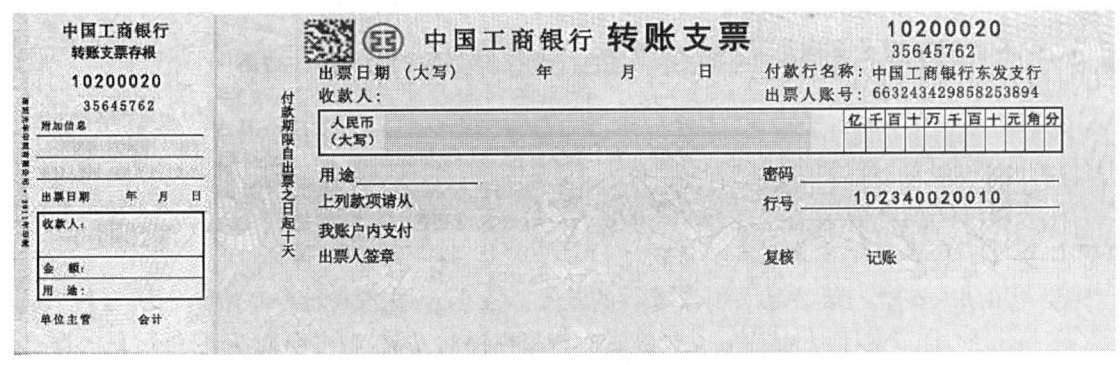

图 5-2 转账支票

(3) 普通支票。支票上未印有"现金"或"转账"字样的为普通支票。普通支票可以用于支取现金,也可以用于转账。在普通支票左上角划两条平行线的,为划线支票。划线支票只能用于转账,不得支取现金。

2. 支票结算的基本规定

(1) 支票一律记名,即签发的支票必须注明收款单位名称或收款人的姓名。

(2) 支票的提示付款期限自出票日起 10 日,但中国人民银行另有规定的除外。超过提示付款期限提示付款的,持票人开户银行不予受理,付款人不予付款。

(3) 支票的出票人签发支票的金额不得超过付款时在付款人处实有的存款金额。禁止签发空头支票。对签发空头支票,银行除了退票,须按票面额处以 5% 但不低 1 000 元的罚款;持票人有权要求出票人赔偿支票金额 2% 的赔偿金。对屡次签发的,银行应停止其签发支票。

(4) 单位和个人在同一票据交换区域的各种款项结算,均可以使用支票。

(5) 支票的出票人预留银行签章是银行审核支票付款的依据,出票人不得签发与其预留银行签章不符的支票。

3. 支票的填写

(1) 填写支票出票日期。支票出票日期必须大写,且不得更改。

(2) 填写付款行名称和账号。付款行名称和账号是指出票人的开户银行名称及存款账户、账号。

(3) 填写支票收款人。本单位提取现金,现金支票收款人应写本单位名称,在现金支票背面"被背书人"栏内加盖本单位的财务专用章和法人章,收款人可凭现金支票到开户银行领取现金。现金支票收款人为收款人个人的,现金支票背面不加盖任何印章,收款人在现金支票背面填写身份证号码和发证机关名称,凭身份证和现金支票签字后提取现金。

转账支票收款人应填写对方单位名称。转账支票背面本单位不加盖印章。收款单位取得转账支票后,在支票背面被背书栏内加盖收款单位财务专用章和法定代表人章,填写银行进账单后连同支票交收款单位开户银行,委托银行收款。

(4)填写支票人民币大写和小写金额,大小写金额必须一致,且不得更改。

支票上的金额可以由出票人授权补记,未补记前的支票,不得使用。支票上未记载收款人名称的,经出票人授权,可以补记。支票上未记载付款地的,付款人的营业场所为付款地。支票上未记载出票地的,出票人的营业场所、住所或者经常居住地为出票地。

(5)简要填写款项用途。现金支票的用途有一定限制,一般填写"备用金""差旅费""工资"和"劳务费"等;转账支票没有具体规定,可填写"货款""代理费"等。

(6)出票人签章。即出票人预留银行的签章。支票正面加盖财务专用章和法定代表人章,缺一不可。印章的印泥为红色,必须清晰。印章模糊的支票,需要作废,重新填写和盖章。

(7)填写支付密码。银行可以与出票人约定使用支付密码,作为银行审核支付支票金额的条件。

(8)填写支票存根。支票存根的收款人、出票日期金额必须和正联一致,支票存根联是会计核算的原始凭证。

(9)单位主管和会计人员签章。

2022年1月4日,东发标准件有限公司采购工作服12套、手套50副,金额1 197.80元,签发转账支票一张,支付采购货款。根据资料,填写转账支票正联和存根,如图5-3所示。

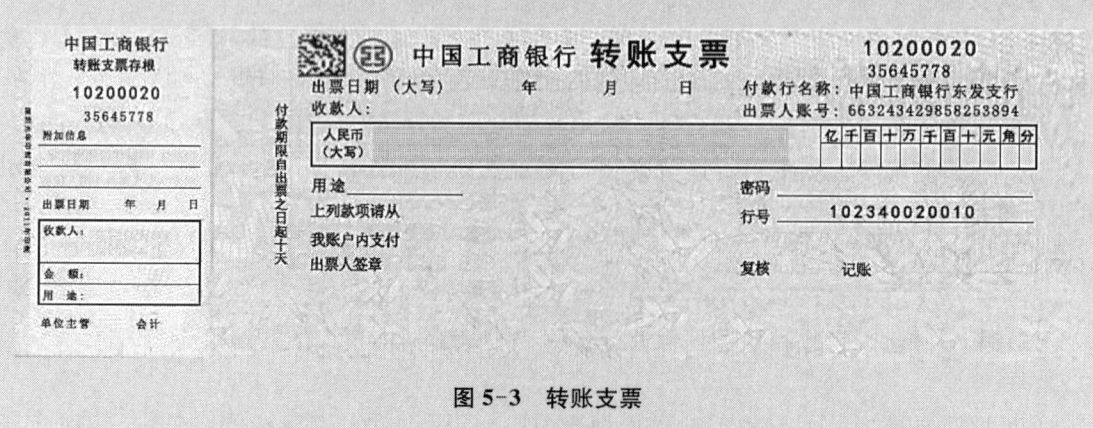

图5-3 转账支票

(二) 银行汇票

1. 银行汇票的含义

银行汇票是指出票银行签发的,由其在见票时按照实际结算金额无条件支付给收款人或者持票人的票据,如图5-4所示。银行汇票的出票银行为银行汇票的付款人。

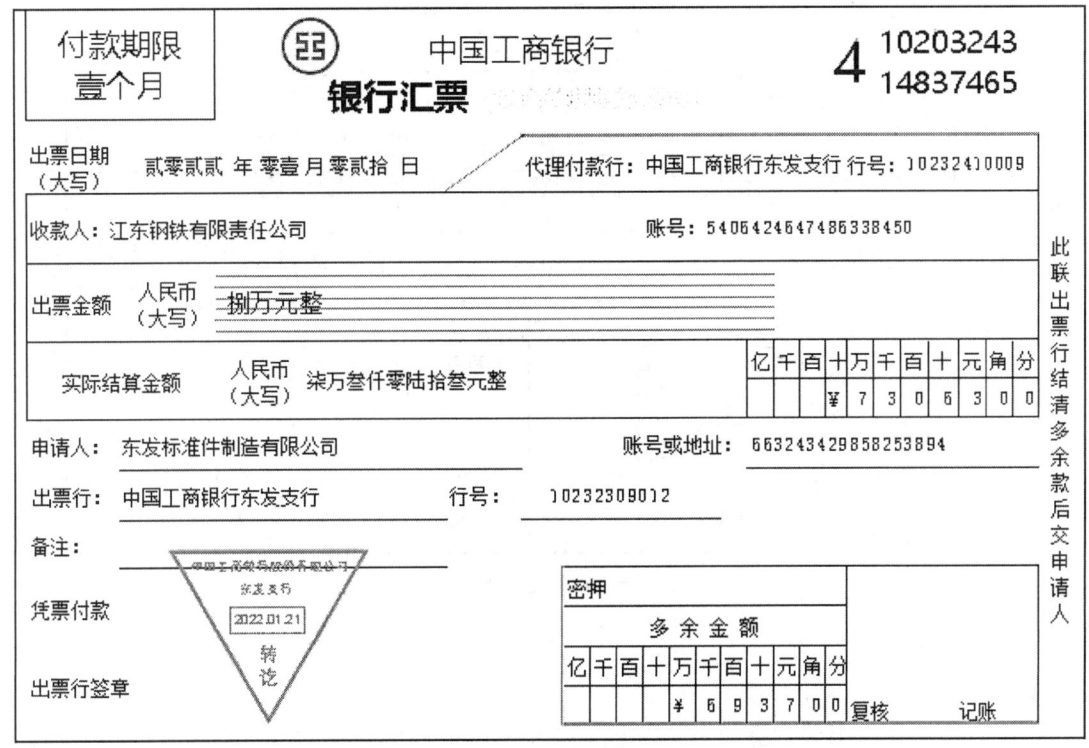

图5-4 银行汇票

2. 银行汇票结算的基本规定

（1）银行汇票一律记名。汇款人申请办理银行汇票时,应在填写的银行汇票委托书上详细填明兑付地点、收款人名称、账号和用途等事项。

（2）银行汇票的提示付款期限自出票日起1个月。持票人超过付款期限提示付款的,代理付款人不予受理。

（3）出票银行受理银行汇票申请书,收妥款项后签发银行汇票,并用压数机压印出票金额,将银行汇票和解讫通知一并交给申请人。

（4）收款人受理申请人交付的银行汇票时,应在出票金额以内,根据实际需要的款项办理结算,并将实际结算金额和多余金额准确、清晰地填入银行汇票和解讫通知的有关栏内。未填明实际结算金额和多余金额或实际结算金额超过出票金额的,银行不予受理。

（5）银行汇票丧失,失票人可以凭人民法院出具的其享有票据权利的证明,向出票银行请求付款或退款。

3. 银行汇票申请书的填写

单位和个人需要使用银行汇票进行结算的,必须填写银行汇票申请书,如图5-5所示。单位和个人向银行提出申请,签发银行汇票。在银行汇票申请书中,应填写收款人名称、汇款金额、申请日期、账号或地址和代理付款行等事项并签章。银行汇票申请书一式三联,第一联为申请人回单,第二联为银行借方凭证,第三联为贷方凭证。如申请人在签发银行开立账户的,应在银行汇票申请书第二联加盖预留银行印鉴。

图 5-5　银行汇票申请书

(三) 商业汇票

1. 商业汇票的含义和分类

商业汇票是指由出票人签发的,委托付款人在指定日期无条件支付确定的金额给收款人或者持票人的票据,如图 5-6 所示。

图 5-6　银行承兑汇票

商业汇票按其承兑人不同,分为商业承兑汇票和银行承兑汇票。

(1) 商业承兑汇票由银行以外的付款人承兑。

(2) 银行承兑汇票由银行承兑。

商业汇票的付款人为承兑人。

2. 商业汇票结算的基本规定

(1) 在银行开立存款账户的法人以及其他组织之间，必须具有真实的交易关系或债权债务关系，才能使用商业汇票。

(2) 商业汇票的提示付款期限，自汇票到期日起 10 日。

(3) 商业承兑汇票可以由付款人签发并承兑，也可以由收款人签发交由付款人承兑。银行承兑汇票应由在承兑银行开立存款账户的存款人签发。

(4) 商业汇票的付款期限，最长不得超过 6 个月。

3. 商业汇票的填制

商业汇票一式三联，第一联为卡片联，由承兑人留存；第二联为汇票联，由收款人开户银行随结算凭证寄付款人开户银行作付出传票附件；第三联为存根联，由出票人留存。

(1) 填写商业汇票出票日期。商业汇票出票日期必须大写，不得更改。

(2) 填写商业汇票出票人全称、账号和出票人付款行全称。

(3) 填写商业汇票收款人全称、账号和开户行。

(4) 填写商业汇票人民币大、小写金额。大、小写金额数字必须一致，小写金额前加人民币符号"￥"，金额不得更改。

(5) 填写商业汇票到期日，与出票日期要求相同。

(6) 出票人签章。签章为该单位的财务专用章或者公章加其法定代表人或其授权的代理人签名或者盖章。

(7) 承兑人签章。

例如，2021 年 11 月 4 日，常顺有限责任公司签发银行承兑汇票一张，面额 67 800.00 元，收款人为东发标准件制造有限公司，期限 6 个月，向开户行申请承兑，银行受理，并办理承兑手续，常顺有限责任公司将汇票交给东发标准件制造有限公司。银行承兑汇票，如图 5-7 所示。

图 5-7 银行承兑汇票

(四) 银行本票

1. 银行本票的含义和分类

银行本票是指由银行签发的,承诺自己在见票时无条件支付确定的金额给收款人或者持票人的票据。

银行本票分为不定额银行本票和定额银行本票两种。

(1) 不定额银行本票是指凭证上金额栏是空白的,签发时根据实际需要填写金额,并用压数机压印金额的银行本票,如图 5-8 所示。

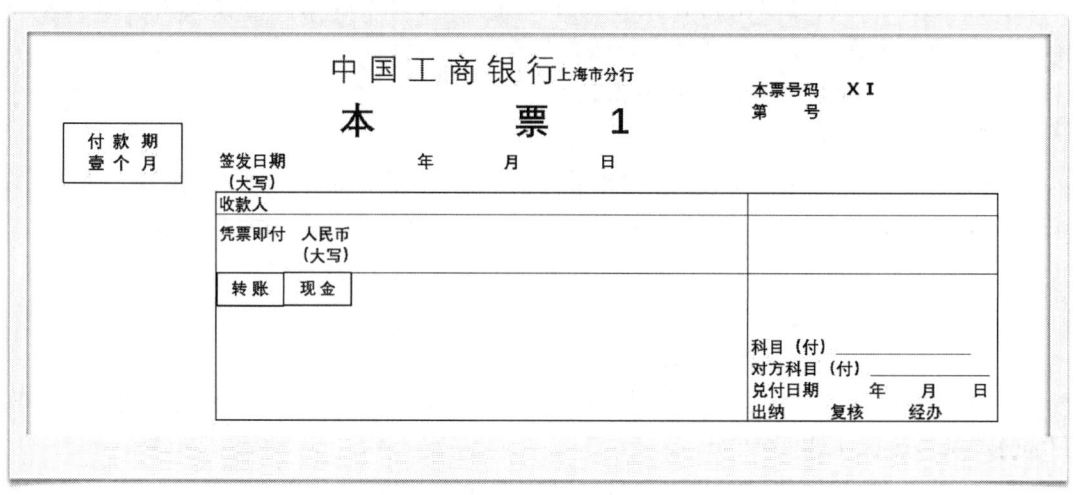

图 5-8　银行本票

(2) 定额银行本票是指凭证上预先印有固定面额的银行本票。定额银行本票面额为 1 000 元、5 000 元、10 000 元和 50 000 元四种。

2. 银行本票结算的基本规定

(1) 单位和个人在同一票据交换区域需要支付各种款项,均可以使用银行本票。

(2) 银行本票可以用于转账,注明"现金"字样的银行本票,可以用于支取现金。

(3) 银行本票的提示付款期限自出票日起最长不得超过 2 个月。持票人超过付款期限提示付款的,代理付款人不予受理。持票人超过提示付款期限不获付款的,在票据权利时效内向出票银行作出说明,并提供本人身份证件或单位证明,可持银行本票向出票银行请求付款。

(4) 银行本票丧失,失票人可以凭人民法院出具的其享有票据权利的证明,向出票银行请求付款或退款。

3. 银行本票申请书的填写

单位、个人需要使用银行本票进行结算,必须先填写银行本票申请书(格式同银行汇票),向银行申请签发银行本票。银行本票申请书应填写收款人名称、支付金额和申请日期等事项并签章。

具体填制内容参照银行汇票申请书的填制方法。

任务二　使用财务印鉴

一、印章概述

（一）印章的含义

印章是指印信凭证的一种,是刻在固定质料上的代表机关、组织或个人权力和职责的凭据。盖印标志着文书生效和对文书负责。一般印章都会先沾上颜料再盖印。不沾颜料、印上平面后会呈现凹凸状,称作钢印。制作材质有玉石、金属、木头和石头等。印章是中国传统文化的代表之一。

印章的起源和发展

中国印章的历史可以上溯到商代。清代史学家朱简所著《印章要记》中记载:"印始于商周,盛于汉。"秦代有印、玺之分,皇帝的印称作"玺",大臣的印称作"印"。汉代官印中有"章"和"印章"之称。明代官印为长方形半印,君臣各持一半,便于拼对验证。清代官印用正方形,官级较高的多用九叠篆文刻制,其字体有蒙古文楷书、满文和汉篆等,最常见的是汉满文对照同时出现在印面上。

（二）印章的分类

1. 古代印章分类

古代印章种类繁多,基本上可分为官印和私印两类。

（1）官印。官印是指官方所用印章,如先秦的古玺、战国末期到西汉初期的秦印等。历代官印,各有制度,不仅名称不同,形状、大小、印文和纽式也有差异。古代印章由皇家颁发,代表权力。官印一般比私印大,谨严稳重,多为四方形,如秦印(图5-9)。

图5-9　秦印

(2) 私印。私印是指官印以外的印章的统称。私印体制复杂,可以从字意、文字安排、制作方法、制印材料以及构成形式上分成各种类别。

2. 现代企业印章种类

(1) 企业公章。企业公章是指公司处理内外部事务的印鉴。公司对外的正式信函、文件、报告、章程、证明及相关材料的复印件使用公章,加盖公章的文件具有法律效力。

企业公章由企业的法定代表人执掌,企业把法定代表人章与公章一同使用就代表企业行为。企业公章样式,如图5-10所示。企业公章通常在公文材料、证明材料及签订合同时使用。企业公章需要在公安部门备案。

图5-10 企业公章

知识拓展

不同地区的企业公章的尺寸、规格并不完全相同,一般为直径3.8~4.2 cm。例如,股份有限公司公章一律为圆形,直径为4.2 cm,圆边宽0.12 cm,中央刊五角星,五角星外刊企业名称,自左而右环行,或者名称前段自左而右环行,后段自左而右横行,印文字体使用简化的宋体。公章的制作材料通常是塑胶、牛角、木头和金属等。

(2) 财务专用章。财务专用章是指各单位办理会计核算和银行结算业务使用的专用章,也是单位在银行开户时预留印章。财务专用章用于公司票据的出具和银行结算等。财务专用章一般由单位的财务主管或出纳人员管理。财务专用章需要在公安部门备案。财务专用章的样式,如图5-11所示。

图5-11 财务专用章

知识拓展

企业财务专用章是一种具有特殊用途和设计风格的公章。财务专用章不同于其他公章，需要在中央区域刻上“财务专用章”或“财务专章”等字样，有的还配以明细信息，以保障其唯一性和可识别性。财务专用章有圆形、椭圆形或正方形等三种几何形状。财务专用章一般规格为：正方形为 2.2 cm×2.2 cm 或者 2.5 cm×2.5 cm，圆形直径为 3.8 cm，椭圆形为 4.5 cm×30 cm。财务专用章的上半部分为营业执照上的企业标准名称，下半部分为“财务专用章”等字样。财务专用章的常用制作材料为牛角。

(3) 法定代表人章。法定代表人是指依法代表法人行使民事权利，履行民事义务的主要负责人。法定代表人章是法定代表人的个人印章，是在银行等单位留底的印章，与企业业务相关性密切。法定代表人章一般不能单独使用，与公章一起使用表示法人认可；法定代表人章与合同章一起使用可用于合同签章；法定代表人章与财务专用章一起使用可作为银行的预留印鉴。

小提示

注意，法定代表人章单独使用只代表法定代表人的个人行为，与企业公章等印章一起使用就代表企业行为。

例如，2021 年 11 月 4 日，常顺有限责任公司签发并经银行承兑汇票一张，金额 67 800 元，交付东发标准件制造有限公司，支付采购材料款项。常顺有限责任公司在汇票上加盖了公司财务专用章和法定代表人李东波的个人章，如图 5-12 所示。公司财务专用章和法定代表人章一起使用，代表公司行为。法定代表人章无须在公安部门备案。

中国工商银行　银行承兑汇票　2　10500050　45252613

（复印件）　出票日期（大写）　贰零贰壹年壹拾壹月零肆日

出票人全称	常顺有限责任公司		收款人	全称	东发标准件制造有限公司	
出票人账号	9584505406464748633			账号	663243429858253894	
付款行全称	中国工商银行经三路支行	行号 10244015678		开户行	中国工商银行东发支行	行号 10244015236
汇票金额	人民币（大写）陆万柒仟捌佰元整				千百十万千百十元角分	¥ 6 7 8 0 0 0 0
汇票到期日	贰零贰贰年零伍月零肆日		承兑协议编号		【2021】088	

本汇票请你行承兑，此项汇票款我单位按承兑协议于到期日前足额交存你行，到期请予以支付。

出票人签章　2021 年 11 月 04 日

本汇票已经承兑，到期日由本行付款。

中国工商银行经三路支行 2021.11.04

承兑行签章　承兑日期：　年　月　日

科目（借）

对方科目（贷）

转账　年　月　日

复核　记账

此联收款人开户银行作委托收款凭证或清算后作收款凭证附件

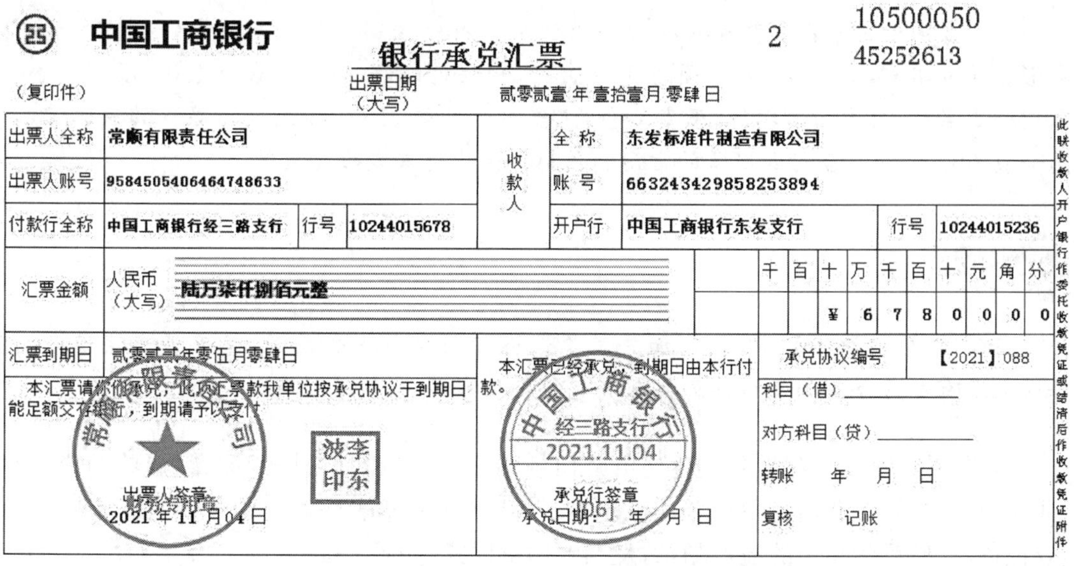

图 5-12　常顺有限责任公司银行承兑汇票

> **知识拓展**
>
> 　　法定代表人章的形状为方形,规格通常为 2.0 cm×2.0 cm,材质为有机玻璃或牛骨等。

　　(4) 合同专用章。合同专用章是指单位在签订合同时加盖的印章。合同专用章专门用于签订合同时使用,合同专用章有圆形和椭圆形两种。圆形合同专用章样式,如图 5-13 所示。《中华人民共和国民法典》第四百九十条规定,当事人采用合同书形式订立合同的,自当事人签名、盖章或者按指印时合同成立。合同专用章需要在公安部门备案。

图 5-13　合同专用章

> **知识拓展**
>
> 　　企业合同专用章在名称和式样上与单位公章有所区别。合同专用章的规格一般为:圆形合同专用章,直径 5.8 cm,圆边宽为 0.15 cm;椭圆形合同专用章为 4.0 cm×3.0 cm。上刊企业名称,自左而右环行,下半部分为"合同专用章"字样,印文使用简化的宋体字,字高一般为 0.5 cm。合同专用章的常用制作材料为牛角或光敏橡胶等。

> **学中思**
>
> 　　在合同、协议的签订中,企业加盖了单位公章而非合同专用章,是否具有法律效力?合同上没有加盖合法有效的公章但有法定代表人签字,合同是否有效?

　　(5) 发票专用章。发票专用章是指公司领购、开具发票时加盖的印章,形状为椭圆形。企业注册成立后,企业需持税务登记证副本、营业执照副本和法人身份证等材料,到公安部门登记备案,然后到指定的地点刻章,发票专用章样式,如图 5-14 所示。发票专用章须在公安部门备案。

图 5-14　发票专用章

　　发票专用章形状为椭圆形,规格为 4.0 cm×3.0 cm,边宽 0.1 cm,印色为红色。中央刊纳税人识别号;外刊纳税人名称,自左而右环行,如名称字数过多,可使用规范化简称;下刊"发票专用章"字样。发票专用章所刊汉字,应当使用简化的宋体字。"发票专用章"字样字高 0.46 cm,字宽 0.3 cm。发票专用章的常用制作材料为光敏橡胶等。

（6）其他印章。其他印章是指公司除了上述印章的其他印章,如现金收讫章（图 5-15）和业务受理章（图 5-16）。

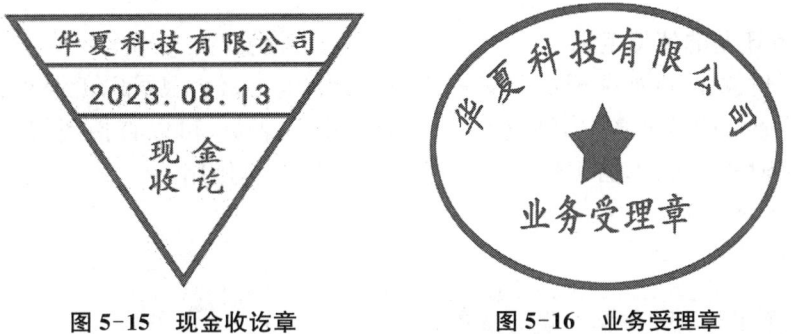

图 5-15　现金收讫章　　　　　　图 5-16　业务受理章

二、印章的用途

公司刻制的印章较多,但都有自己的用途,如表 5-1 所示。

表 5-1　　　　　　　　　　　公司印章用途对比表

序号	印章	用途	备注
1	公章	用于公司对外业务处理,如工商、税务、银行等外部事务处理时需要加盖	备案
2	财务专用章	用于公司票据的出具,支票等在签发时需要加盖	银行大印签、备案
3	法定代表人章	用于特定的用途,公司出具票据时也要加盖此印章	银行小印签
4	合同专用章	通常在公司签订合同时需要加盖	备案
5	发票专用章	在公司开具发票时需要加盖	备案

(1) 公章外借他人使用,他人私下签订的担保合同是否有效?
(2) 合同上加盖分公司的印章是否有效?
(3) 法定代表人是法人吗?

三、财务印鉴的管理

(一) 财务印鉴的含义

财务印鉴是指公司在银行开户时所盖的备留印鉴,又称财务印鉴章。单位存款人预留公章或财务专用章给开户银行,单位办理银行业务时,需要在相关业务凭证上加盖与公司预留的公章或财务专用章完全相同的章,银行方可办理。

预留银行印鉴由财务专用章和法定代表人章组成,两者缺一不可。

企业法定代表人只能有一个印章,不得复制。印章的所有者要保存好印鉴。一旦印章丢失或被盗窃,应及时申报。

(二) 财务印鉴的使用范围

企业银行付款业务(如办理现金支票、转账支票、电汇、信汇凭证、汇票委托书和结算业务凭证等)、收款和缴款业务,出纳、会计人员依照分工职责,可以直接使用企业财务印鉴。超出范围使用财务印鉴的,必须经企业主管领导批准,方可使用。

发票是否可以盖财务专用章或公章?

(三) 财务印鉴的使用程序

企业财务印鉴的使用,必须依照"先审批,后用印"的原则,严格审批手续,无审批手续的,不得使用。财务部门对财务印鉴的管理应按照"专人保管,分别存放"的原则,妥善保管。

任务三　使用电子印章

一、电子印章概述

(一) 电子印章的含义

电子印章是指使用数字技术生成的印章图案。电子印章的管理和使用方式符合实物印章的习惯和体验,其加盖的电子文件与实物印章加盖的纸质文件具有相同的外观、相同的有效性和相似的使用方式,具有与传统印章相同的法律效力,更加安全和高效。

电子印章的起源和发展

20世纪90年代中后期,随着传统办公向信息化模式的转变,原有的纸质文件模式也转变为电子文件的流通形式。为了实现和保证电子文件的法律效力,出现了电子印章的概念,但并没有普及。

2005年全国人大常务委员会颁布实施了《中华人民共和国电子签名法》(以下简称《电子签名法》),进一步促进了电子商务的普及和数字技术的进步,电子印章技术及其产品的研究和应用迅速发展,电子签章的使用越来越广。

(二)电子印章的分类

电子印章包括电子公章和电子个人名章两类。

1. 电子公章

电子公章又称单位电子印章,是指党政机关、企事业单位、社团组织和民办非企业单位等单位使用的电子印章,主要包括电子法定名称章、电子财务专用章、电子合同专用章和电子发票专用章等。

电子公章的基本要求包括:

(1)符合电子印章国家标准及印章治安管理信息系统行业标准的技术要求。

(2)保持与实物印章的信息一致和状态同步。

(3)实现电子印章的信息备案。

(4)能够确认使用者身份和其享有的代表权或代理权,即法人授权。

"信息一致"是指电子印章信息来源于实物印章信息,即"物电同源"。

2. 电子个人名章

电子个人名章是指单位或者机构的法定代表人、经营者、主要负责人、财务负责人、单位或机构授权代表人等人员,用于单位或者机构事务办理的个人名章的电子化形式。

具有法律效力的个人电子印章的基本要求包括:

(1)符合电子印章国家标准的技术要求。

(2)实现电子印章的信息备案。

(3)能够确认本人操作和意愿。

二、电子印章的特点

(一)使用便捷

传统物理印章在使用过程中涉及多层级、多人协作,周期长、效率低。电子印章技术以网络为媒介,以在线形式简化印章申请使用流程,即审即签,省时高效,加速协同办公效率。

(二) 节约成本

实行电子无纸化签章,为企业节省了各项成本。

(三) 管理高效

由于纸质台账记录存在信息不全、易篡改、易丢失等问题,物理印章的审计工作缺乏可靠依据。电子印章系统在操作过程中,基于时间戳技术可精确记录用印时间。借助电子印章审计模块,印章管理员可追溯每一次用印历史,为企业有效管理印章使用和风险防范提供可靠依据。

(四) 合法合规

电子印章以电子签名技术为核心,满足《电子签名法》中锁定签约主体真实身份、有效防止文件篡改和精确记录签约时间的要求,具备极高的法律效力。

(五) 安全可靠

电子印章在安全性方面,具有如下特点:

(1) 印章管理。明确的法律条文为印章使用与管理提供法律依据。

(2) 印章使用。数字认证技术确保用印人身份可识别和公章授权,杜绝印章偷用、盗用和越权使用。

(3) 真伪鉴定。印章实时鉴定,提升印章使用与管理的便捷性。

电子印章和单位公章具备相同的法律效力吗?

三、电子印章的管理

(一) 领取电子印章

使用电子印章的单位(或个人)需要到电子印章(管理)中心(平台)申请电子印章。电子印章(管理)中心(平台)在履行完正常手续并确认无误、合法的情况下,为申请者制作电子印章,并将制作好的电子印章导入特定的存储介质,如 USB-Key,提交给申请者。

申请制作电子印章,应当向印章制作单位提供以下材料:

(1) 依法批准设立或者登记的证件、文书。

(2) 有上级或者主管部门的,应当出具上级或者主管部门的介绍信;无上级或者主管部门的,提供法定代表人、经营者或者主要负责人的委托授权书。

(3) 提供经办人有效身份证件原件、复印件及联系方式;申请制作具有法律效力的个人名章的,应当提供本人有效身份证件、单位介绍信和委托授权书。

(4) 需要制作包含外文或者少数民族文字电子印章的,应当提供经本单位或者机构确认的翻译文本。

(二) 安装电子印章客户端系统

电子印章产品提供商在给用户提供电子印章的同时,还提供了一套电子印章客户端系统。电子印章客户端系统应该安装在电子印章保管者所使用的终端电脑中。电子印章客户端系统的主要功能包括盖章、验章以及电子印章管理等。

（三）电子签章

电子签章的具体步骤如下：

（1）使用印章时需要经过有关主管领导的批准。

（2）将存有电子印章的实体（如 USB-Key）插入电脑终端的 USB 接口。

（3）启动电子印章客户端系统。

（4）读入需要加盖电子印章的电子文书。

（5）找到加盖电子印章的地方，点击菜单上的"盖章"功能按钮。

（6）系统提示输入印章实体的 PIN 码。

PIN 码是指 SIM 卡的个人识别密码。例如，手机启用了开机 PIN 码，每次开机后需要输入 4~8 位数 PIN 码，当输入 PIN 码无效超过 3 次时，系统将自动锁卡保护。PIN 码是保护 SIM 卡的一种安全措施，防止别人盗用 SIM 卡。

（7）输入电子印章 PIN 码，在文书上加盖电子印章。

若发生电子印章遗失事件，应立即到电子印章平台（中心）进行挂失。

（四）电子印章的验证

验证带有电子印章的电子文书时，需要借助装有电子印章客户端系统的终端电脑。当带有电子印章的电子文书被打开后，电子印章客户端系统会自动验证该电子文书的电子印章是否有效。若电子文书被非授权修改过，或电子印章是被复制粘贴在当前的电子文书上的，则电子印章客户端系统能够发现并立即警告用户电子文书已被修改过或电子文书上所加盖的电子印章无效，且使得电子印章不能正常显示，从而达到保护电子文书的完整性以及检验电子印章和特定的电子文书必须是相关联的目的。

电子印章的法律效力

根据《电子签名法》谈谈电子印章的法律效力。

《电子签名法》第十三条规定：

电子签名同时符合下列条件的，视为可靠的电子签名：（一）电子签名制作数据用于电子签名时，属于电子签名人专有；（二）签署时电子签名制作数据仅由电子签名人控制；（三）签署后对电子签名的任何改动能够被发现；（四）签署后对数据电文内容和形式的任何改动能够被发现。当事人也可以选择使用符合其约定的可靠条件的电子签名。第十四条规定，可靠的电子签名与手写签名或者盖章具有同等的法律效力。

课后练习

练习原始票据和记账凭证的填制。

(一)资料

东发标准件有限公司购入包装箱 50 个,单价 200 元,取得增值税专用发票(图 5-17)。企业当即签发转账支票(图 5-18)支付货款。包装物验收入库,仓库保管员填写包装物入库单(图 5-19)。

1100212130 东发增值税专用发票 №45678301 1100212130 45678301

国家税务总局监制 东发

开票日期: 2022年01月12日

税总函[2021]62号京都印钞有限公司

第三联:发票联 购买方记账凭证

购买方		密码区
名　　称:	东发标准件制造有限公司	95+948*452<495738*394>464775744642646
纳税人识别号:	924857477363358123B	47*4646/647568878<49573757+9088777264
地址、电话:	东发市经济技术开发区长江路55号0123-3456789	647*4646/48*452<49573839446/67568878<
开户行及账号:	中国工商银行东发支行663243429858253894	49573757+264647*4646/48*48*452<49575

货物或应税劳务、服务名称	规格型号	单位	数量	单价	金额	税率	税额
*塑料类用品*包装箱	100×100	个	50	200.00	10000.00	13%	1300.00
合　　计					¥10000.00		¥1300.00
价税合计(大写)	⊗壹万壹仟叁佰圆整				(小写)¥11300.00		

销售方		备注
名　　称:	东宇商贸有限责任公司	东宇商贸有限责任公司 654443332323333333B 销售发票专用章
纳税人识别号:	654443332323333333B	
地址、电话:	东发市雨花路35号0123-65479790	
开户行及账号:	中国工商银行东发支行8633955868694679790	

收款人:王慧慧　复核:许丽　开票人:郑明宇　销售方:(章)

图 5-17　增值税专用发票

中国工商银行
转账支票存根
10200020
35645769
附加信息
出票日期　年　月　日
收款人:
金　额:
用　途:
单位主管　会计

中国工商银行 转账支票 10200020 35645769

出票日期(大写)　年　月　日　付款行名称:中国工商银行东发支行

收款人:　出票人账号:663243429858253894

付款期限自出票之日起十天

人民币(大写)

亿	千	百	十	万	千	百	十	元	角	分

用途　密码

上列款项请从　行号 102340020010

我账户内支付

出票人签章　复核　记账

图 5-18　转账支票

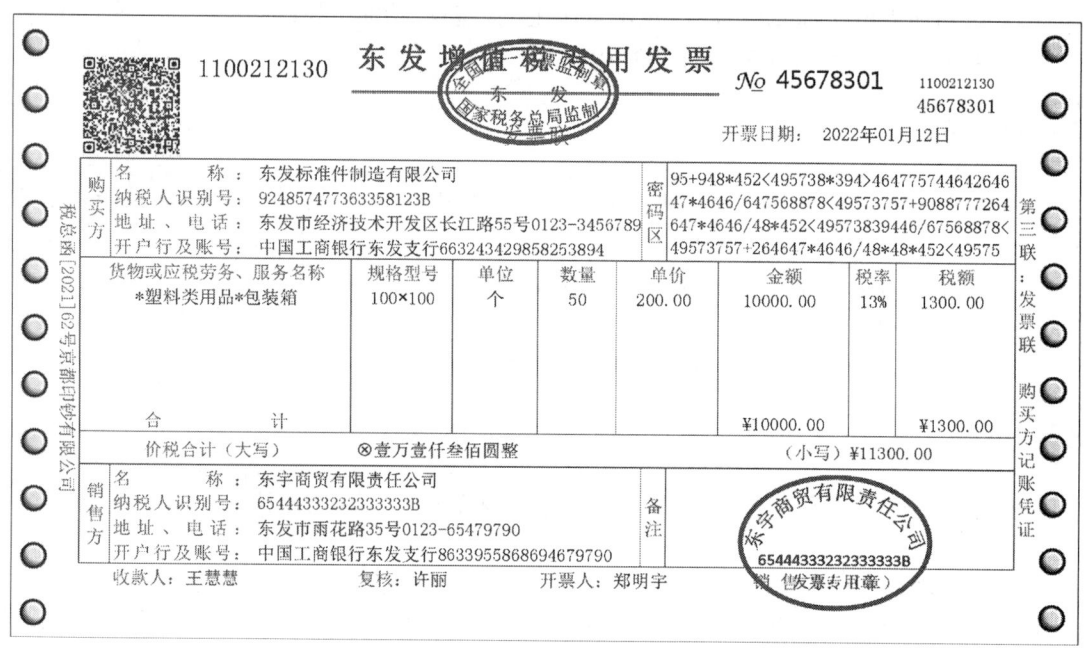

包装物验收入库单

凭证编号：20220112

供货单位：　　　　　　　　　　年　月　日　　　仓库编号：2

增值税		发票号		验收日期		存放地点 2号仓库	
包装物编号	包装物名称	规格	型号	单位	数量	实际单价	
					凭证　实收	单价	总价
差　异		备注					

财务主管　　　　　仓库验收　　　　　采购经办

第三联　财务科核算

图 5-19　入库单

（二）要求

根据资料提供的增值税专用发票，填写转账支票和包装物入库单，并编制银行存款付款凭证，如图 5-20 所示。

付 款 凭 证

贷方科目：　　　　　　　年　月　日　　　　　字第　号

摘　要	总账科目	明细科目	记账符号	借方金额 千 百 十 万 千 百 十 元 角 分	
		合　计			

财务主管：　　　记账：　　　审核：　　　出纳：　　　制单：

图 5-20　银行付款凭证

项目六　会计资料的整理技能

 **项目描述**

会计资料是指在会计核算过程中形成的，记录和反映单位实际发生的经济业务事项的专业资料，主要包括会计凭证、会计账簿、财务会计报告和其他会计资料。会计资料作为记录会计核算过程和结果的重要载体，是国家进行宏观调控、管理者进行经营管理、投资者进行投资决策和债权人进行信贷决策的重要依据。单位会计资料数量多、类别杂，又比较分散，为加强会计资料管理，发挥会计资料的作用，必须对会计资料进行整理，形成会计档案。

 项目目标

知识目标
1. 掌握会计凭证的整理、归档和保管。
2. 掌握会计账簿的整理、归档和保管。
3. 掌握财务会计报告和其他会计资料的整理、归档和保管。
4. 了解会计档案管理规定。

能力目标
1. 能够按规定整理、归档和保管会计凭证。
2. 能够正确启用、整理和保管会计账簿。
3. 能够正确整理、保管财务会计报告和其他会计资料。
4. 熟悉电子会计档案归档要求。

素质目标
1. 培养学生严谨细致、认真负责的职业态度。
2. 培养学生诚实守信、敬业爱岗的职业道德。

 思维导图

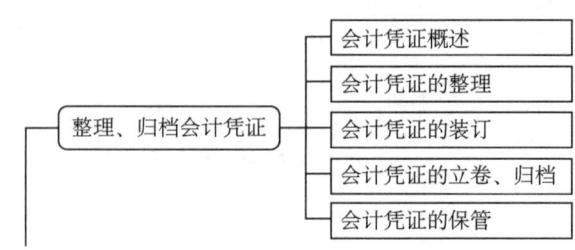

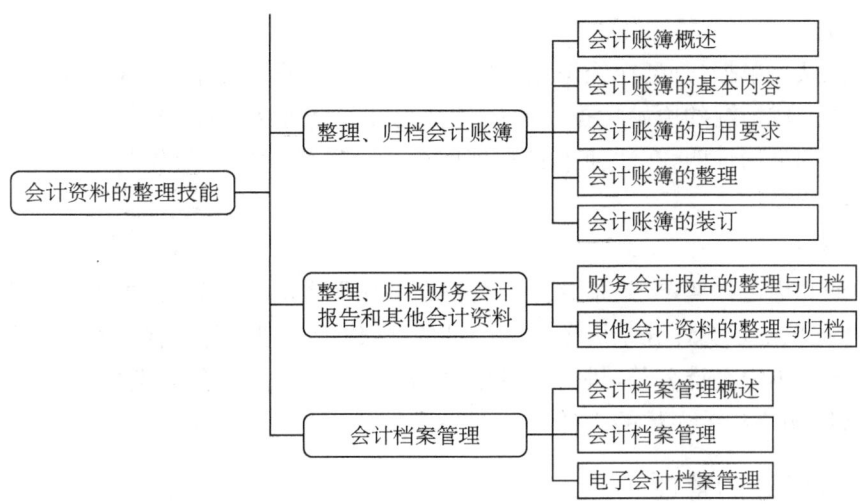

 项目导入

黄某为某街道办事处(下称办事处)会计,因业务能力无法达到单位要求,办事处免除了黄某的会计职务并要求黄某办理工作交接。但黄某不满其职务被免,拒绝交出其经管的会计凭证、会计账簿和经济合同等会计资料。经多次催交未果,办事处将其起诉到当地人民法院。法院传唤了黄某,迫于压力,黄某将会计资料交回办事处。经过法院审理,判决认定:黄某经管账目涉及金额高达50万元以上,免职后拒不交回会计资料,违反了《中华人民共和国刑法》和《中华人民共和国会计法》,构成"隐匿、故意销毁会计凭证、会计账簿、财务会计报告罪",被判处2万元的罚金。案例中,提到的"会计凭证、会计账簿、财务会计报告"等会计资料均属于档案材料,需要依法整理、归档、保存,隐匿、销毁会计档案资料属于违法行为。

任务一　整理、归档会计凭证

 知识课堂

一、会计凭证概述

(一)会计凭证的含义

会计凭证是指记录经济业务发生或者完成情况的书面证明,是登记会计账簿的依据,包括纸质会计凭证和电子会计凭证两种形式。每个企业都必须按一定的程序填制和审核会计凭证,根据审核无误的会计凭证登记会计账簿,如实反映企业的经济业务。

(二)会计凭证的分类

会计凭证按照编制程序和用途不同,可分为原始凭证和记账凭证。

1. 原始凭证

原始凭证又称单据,是指在经济业务发生或完成时取得或填制的,用以记录或证明经济业务的发生或完成情况的原始凭据。原始凭证是在经济业务发生的过程中直接产生的,是经济业务发生的最初证明,在法律上具有证明效力。原始凭证一般作为记账凭证的附件附在记账凭证的后面。

2. 记账凭证

记账凭证又称记账凭单,是指会计人员根据审核无误的原始凭证,按照经济业务的内容加以归类,并据以确定会计分录后填制的会计凭证,作为登记会计账簿的直接依据。记账凭证的作用主要是确定会计分录,进行会计账簿登记,反映经济业务的发生或完成情况,监督企业经济活动,明确相关人员的责任。

二、会计凭证的整理

(一)原始凭证的整理

1. 原始凭证的要素填写要完整

(1) 从个人取得的原始凭证,必须有填制人员的签名或者盖章,同时应写明住址,必要的应注明身份证号码。

(2) 自制原始凭证,必须有经办单位负责人(或其指定的人员)和经办人签名或者盖章。

(3) 需填写大写和小写金额的原始凭证,两者金额必须一致。

(4) 购买实物的原始凭证,必须有实物验收证明。

(5) 支付款项的原始凭证,必须有收款单位和收款人的收款证明。

(6) 记账凭证编号、日期和附件填写必须完整。

2. 原始凭证要同类别归集

把所有应归档的会计凭证收集齐全,并根据记账凭证进行分类。原始凭证按照经济内容、项目进行分类,如办公用品、电话费、差旅费和招待费等,按照类别分别整理在一起。

3. 原始凭证要逐张按序整理

根据不同的种类,原始凭证应按顺序号或按时间逐张排放。整理检查凭证顺序号,原始凭证附在记账凭证后的顺序应与记账凭证所记载的内容顺序一致。

4. 原始凭证要区别尺寸整理

(1) 对于面积大于记账凭证的原始凭证,应采用折叠的方法,按照记账凭证的尺寸,将原始凭证先自右向左,再自下向上两次折叠。折叠时应注意将凭证的左下角或左侧面空出,以便于装订后的展开查阅。

(2) 对于纸张面积小,无法进行装订的原始凭证,可按一定的顺序和类别粘贴在原始凭证粘贴单(图6-1)上。粘贴时,要对小票进行排序,适当重叠,但要露出数字和编号。

原始凭证粘贴单

鲁财会证账					年　月　日	
单据		合计金额		负责人	报销人	审核

图 6-1　原始凭证粘贴用单

对过小的凭证,可在小凭证后面涂匀胶水,平整地粘贴在与记账凭证同样大小的衬纸上,防止装订后看不全凭证的内容;对破损的凭证要按原状贴补,确保装订后不脱落;对凭证过厚,如硬车票,取其表面一层薄纸粘贴在报销凭证上。

(3)对于纸张面积略小于记账凭证的原始凭证,可先用回形针或大头针别在记账凭证后面,待装订时再抽去回形针或大头针。

(4)对于原始凭证面积大、数量多的情况,可以单独装订,如工资单和领料单等,但在记账凭证上应注明保管地点。

原始凭证粘贴小技巧

(1)一项经济业务涉及的原始凭证,一般都需要粘贴在粘贴用纸上,再附在记账凭证后面,但原始凭证粘贴后不能超出粘贴纸张的范围。

(2)原始凭证必须粘贴在粘贴用纸的装订线内。粘贴原始凭证先粘贴左边,再从左向右依次粘贴,字体向上,不能出现颠倒放置的情况。

(3)同一业务涉及原始凭证按不同种类粘贴。为查看方便,一般将页面较小的原始凭证粘贴在上面,页面较大的,放在下面;所有发票错层粘贴,不能粘贴在一起。

(4)粘贴在一张纸上的所有票据作为一张附件计算,并将张数和合计金额写在粘贴纸的相关栏内。

(5)票据粘贴完成后,经办人需要在票据上签名,汇总票据金额,注明票据张数,由经办人和主管部门领导签字后,交财务部门报销。

(二)记账凭证整理

(1) 将需要归档的会计凭证收集齐全,根据记账凭证进行分类,按月、按凭证类别整理,按顺序排列。

(2) 整理记账凭证的附件。根据《会计基础工作规范》要求,除了结账和更正错误的记账凭证可以不附原始凭证,其他记账凭证必须附有原始凭证。对于附件,应剔除不属于会计档案范围和没有必要归档的一些资料,补充遗漏的必不可少的核算资料。

> 打印后的记账凭证应与对应的原始凭证粘贴在一起。注意,一般是将左上角粘牢即可,不必将纸张左侧全部粘紧。对于原始凭证较多的,可以不进行粘贴。先将原始凭证折叠整齐,顺序放置,然后用回形针别紧,装订时再一并装订。

(3) 对记账凭证的时间、编号进行检查,确保正确、齐全。

(4) 按凭证汇总日期进行归集(如按上旬、中旬和下旬汇总归集),确定装订成册的本数,材料少的可1个月1卷,或几个月1卷。

(5) 摘除凭证内的金属物,如订书钉、大头针和回形针等。

(6) 整理检查凭证顺序号,如有颠倒要重新排列,发现缺号要查明原因。然后,检查附件是否有漏缺,领料单、入库单、工资结算单和奖金发放单是否随附齐全。

(7) 检查记账凭证上有关人员(如财务主管、复核、记账和制单等)的签章是否齐全。

> 实行会计电算化后,通过软件打印出来的凭证装订方法和手工填写的凭证相同,但科目汇总表仍需装订在内。

会计凭证整理完成后,按照有关规定要求,做好会计凭证的装订工作。

三、会计凭证的装订

(一) 会计凭证的装订要求

1. 会计凭证的装订顺序

会计凭证的装订是指把定期整理完毕的会计凭证按照编号顺序,外加封面和封底,装订成册,并在装订线上加贴封签。会计凭证的装订工作,一般在一个月的经济业务全部记录完毕,会计凭证登记入账后进行,装订后归档。会计凭证装订工作是每一个会计人员必须掌握和熟练的一项职场技能。会计凭证封面,如图6-2所示。

会计凭证的装订时会计资料的排列顺序如下:

(1) 包角纸(或包边纸)。

(2) 会计凭证封面。

(3) 记账凭证。

(4) 会计凭证封底。

项目六　会计资料的整理技能　109

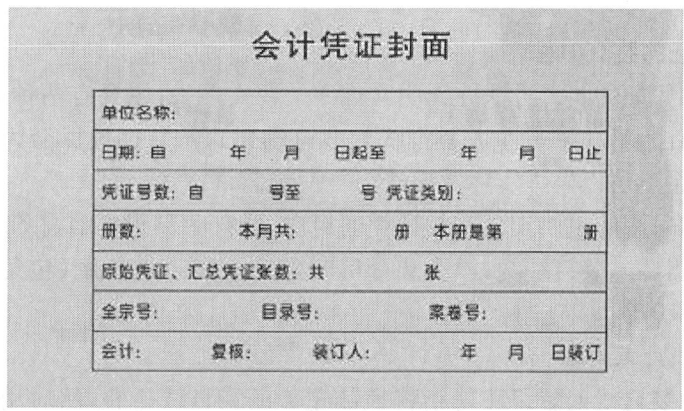

图 6-2　会计凭证封面

2. 会计凭证的装订要求

会计凭证装订要求美观大方、便于翻阅。记账凭证每本数量要合适,在装订时先设计好装订册数及每册的厚度。一般来说,一本凭证的厚度以 1.5~2.0 cm 为宜,太厚了不便于翻阅核查,太薄了又不利于戳立放置。将每一类记账凭证按适当厚度分成若干本,如图 6-3 所示。对于数量过多的原始凭证,可以单独装订保管,但应在封面上注明原始凭证的张数、金额,以及所属记账凭证的日期等。

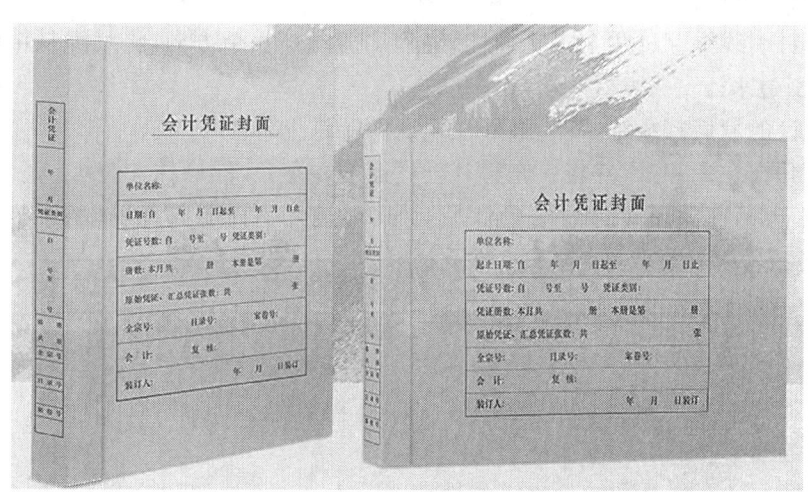

图 6-3　记账凭证装订

会计凭证装订册数可根据凭证多少来定,原则上以月份为单位装订,每月订成 1 册或若干册。有些单位业务量小,凭证不多,可以把若干个月份的凭证合并订成 1 册,在会计凭证封面上注明本册所含的凭证月份。

为了使装订成册的会计凭证外形美观,装订时,要考虑到会计凭证的整齐均匀,特别是装订线的位置。如果太薄,可用纸折一些三角形纸条,均匀地垫在此处,以保证它的厚度与凭证中间的厚度一致。

(二)会计凭证的装订方法

财政部对会计凭证的装订方法并无明文规定。在实践中,主要有两种方法:一种是左上角包角装订的包角法,另一种是左边装订线处装订的包边法。在确保会计凭证装订牢固不被抽换的情况下,企业可以根据实际情况选用合适的装订方法。

会计凭证装订采用的主要工具有会计凭证封皮、全自动小型热熔财务装订机、锥子或电钻(没有装订机时需要)、装订线绳(没有装订机时需要)、装订包角纸(包角法需要)、胶水或胶棒和票夹(长尾夹)等。

1. 左边装订线处装订法

会计凭证左边装订线处装订法是指将凭证左边的装订线折叠,然后用装订机在会计凭证左侧装订的方法。这种装订方法比较常见,因为会计凭证的左边通常有装订线,方便实现装订。左边装订线处装订方式简单,能够在较短时间内完成,提高工作效率。左边装订线处装订法比较适合于保存时间不长,经常需要查阅和变更的会计凭证。

2. 左上角包角装订法

(1)将会计凭证封面和封底裁开,分别附在会计凭证前面和后面,再拿一张质地相同的纸放在封面上角,做护角线。

(2)在凭证的左上角画一个边长为5 cm的等腰三角形,用夹子夹住,用装订机在底线上分布均匀地打两个眼儿。

(3)用大针引线绳穿过两个眼儿,然后将两端折向同一个方向,将线绳从中间穿过并夹紧,即可把线引过来。

(4)在凭证的背面打线结,线绳最好在凭证中端系上。

(5)将护角向左上侧折,并将一侧剪开至凭证的左上角,然后抹上胶水。

(6)待晾干后,在凭证本的脊背上面写上"某年某月第几册共几册"的字样。装订人在装订线封签处签名或者盖章,如图6-4所示。

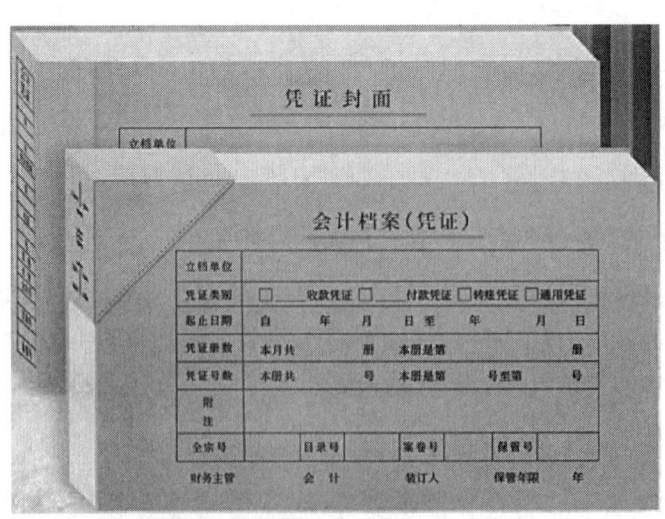

图6-4 包角装订成册的会计凭证

 学中做

> 准备记账凭证、原始凭证、凭证封面、封底、包角纸、装订机、针、线绳、铁夹和胶水等用品。
> 对照会计凭证的整理和装订要求采用包角法进行装订。
> （说明：原始凭证和记账凭证可用其他纸张代替。）

（7）填写凭证盒的封面内容，并将装订成册的会计凭证，装入凭证盒内，如图6-5和图6-6所示。

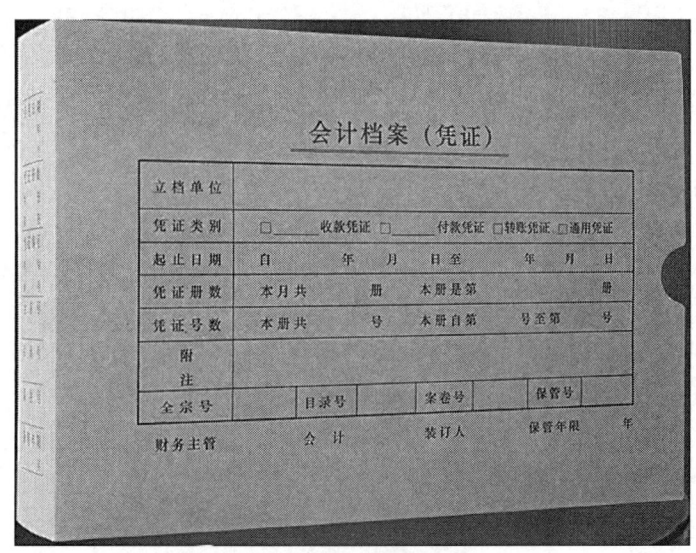

图6-5 凭证盒（正面）

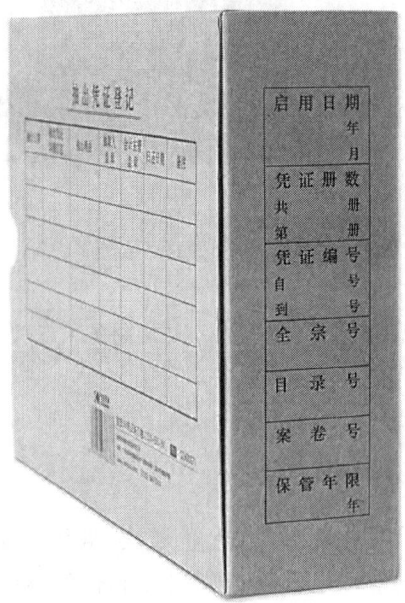

图6-6 凭证盒（脊背）

 知识拓展

全自动小型热熔财务装订机的使用

（1）将会计凭证的封面和封底裁开，分别附在会计凭证的前面和后面。

（2）将事先裁剪好的包角纸放在封面左上角。

（3）将会计凭证的棱角对齐，用两个大夹子固定住。

（4）打开装订机电源，注意可按"升""降"按钮调节高度，将凭证位置调整好后，依次按"降""打孔"按钮，在凭证的左上角打两个孔。

（5）将铆管放到打好的孔内，依次按"下""压铆"按钮，这样就将铆钉钉到了凭证上。

（6）使用装订机装订完成后，要将包角纸向左上角折叠，然后分别将包角的侧枝和上枝折向背面，均匀涂抹胶水并粘贴。

（7）填写凭证封面，即在会计凭证封面上填写单位名称、年度、月份和起止日期、凭证种类和起止号码等。

（8）填写凭证盒的封面内容，并将装订成册的会计凭证，装入凭证盒内。

全自动小型热熔财务装订机，如图6-7所示。

图6-7 全自动小型热熔财务装订机

四、会计凭证的立卷、归档

（一）会计凭证的立卷

在每本会计凭证封面上填写凭证种类、起止号码、凭证张数、财务主管人员和装订人员签章等。会计凭证封面上各记事栏是事后查账和查证有关事项最基础的索引和凭证。

（二）会计凭证的归档

在会计凭证封面上编写卷号，按编号顺序入柜，并要在显露处标明凭证种类编号，以便于调阅。

五、会计凭证的保管

（一）会计凭证保管的意义

会计凭证保管是指会计凭证记账后的整理、装订、归档和存查工作。会计凭证作为记账的依据，是重要的会计档案和经济资料。当发生贪污、盗窃、违法乱纪行为时，财政、审计和监察等部门需要查阅单位会计凭证，这时，会计凭证是依法处理的有效证据。因此，任何单位在完成经济业务手续和记账后，必须将会计凭证按规定的立卷、归档制度形成会计档案资料，妥善保管，防止丢失。

（二）会计凭证保管的要求

（1）会计凭证应定期装订成册，防止散失。会计部门在依据会计凭证记账后，应定期（每天、每旬或每月）分类整理，按照编号顺序，连同所附的原始凭证一起加具封面和封底，装订成册，并在装订线上加贴封签，由装订人员在装订线封签处签名或盖章。

（2）会计凭证应加贴封条，防止抽换凭证。原始凭证不得外借，其他单位如有特殊原因确实需要使用时，经本单位会计机构负责人、财务主管人员批准，可以复制。向外单位提供的原始凭证复制件，应在专设的登记簿上登记，并由提供人员和收取人员共同签名或者盖章。

> 原始凭证经财务负责人批准，可以借出吗？

（3）当原始凭证较多时，可单独装订。但是，应在会计凭证封面注明所属记账凭证的日期、编号和种类，同时在所属的记账凭证上应注明"附件另订"及原始凭证的名称和编号，以便查阅。对各种重要的原始凭证，如押金收据、提货单等，应另编目录，单独保管，并在有关的记账凭证和原始凭证上分别注明日期和编号。

（4）会计凭证装订后，会计部门可以暂时保存。每年装订成册的会计凭证，在年度终了时可暂由单位会计机构保管1年，期满后应当移交本单位档案管理机构统一保管；未设立档案管理机构的，应当在会计机构内部指定专人保管。出纳人员不得兼管会计档案。

（5）按会计档案管理办法保管会计凭证。严格遵守会计凭证的保管期限要求，期满前不得任意销毁。会计凭证保管期限一般为30年。

电子会计凭证入账、归档要求

电子会计凭证是指单位从外部接收的电子形式的各类会计凭证，包括电子发票、财政电子票据、电子客票、电子行程单、电子海关专用缴款书和银行电子回单等电子会计凭证。来源合法、真实的电子会计凭证与纸质会计凭证具有同等法律效力。

除了法律和行政法规另有规定，同时满足下列条件的，单位可以仅使用电子会计凭证进行报销入账归档：

（1）接收的电子会计凭证经查验合法、真实。

（2）电子会计凭证的传输、存储安全、可靠，对电子会计凭证的任何篡改能够及时被发现。

（3）使用的会计核算系统能够准确、完整、有效接收和读取电子会计凭证及其元数据，能够按照国家统一的会计制度完成会计核算业务，能够按照国家档案行政管理部门规定格式输出电子会计凭证及其元数据，设定了经办、审核、审批等必要的审签程序，且能有效防止电子会计凭证重复入账。

（4）电子会计凭证的归档及管理符合《会计档案管理办法》等要求。单位以电子会计凭证的纸质打印件作为报销入账归档依据的，必须同时保存打印该纸质件的电子会计凭证。

会计凭证是会计档案的重要组成部分，应和会计账簿、财务会计报告等会计资料一同妥善保管。要建立会计凭证调阅登记制度，按规定办理借阅手续；设立会计人员交接记录簿，会计人员变动时，对交接的内容、时间和监交人认真记录；要设立会计档案管理专柜，专人负责保管，并选择防火、干燥、通风性能较好的地方存放，定期在橱内放入樟脑丸，室内地面放置灭鼠药等，确保会计档案资料在管理期限内安全、完整。

会计凭证装订后，发现会计凭证错误，能拆开修改吗？

任务二　整理、归档会计账簿

一、会计账簿概述

（一）会计账簿的含义

会计账簿简称账簿，是指由一定格式的账页所组成，以经过审核的会计凭证为依据，全面、系统、连续地记录各项经济业务和会计事项的会计簿籍。设置和登记会计账簿，是重要的会计核算基础工作，是连接会计凭证和会计报表的中间环节，做好会计账簿登记工作，对于加强企业经济管理具有十分重要的意义。

（二）会计账簿的分类

1. 按用途分类

（1）序时账簿。序时账簿又称日记账，是指按照经济业务发生或完成时间的先后顺序逐日逐笔进行登记的会计账簿。序时账簿按其记录内容不同,分为普通日记账和特种日记账两种。

(2) 分类账簿。分类账簿是指对全部经济业务事项按照会计要素的具体类别而设置的分类账户进行登记的会计账簿。分类账簿按其提供核算指标的详细程度不同,分为总分类账和明细分类账。

(3) 备查账簿。备查账簿又称辅助账簿,是指对某些在序时账簿和分类账簿等主要账簿中都不予登记或登记不够详细的经济业务事项进行补充登记时使用的会计账簿。它可以对某些经济业务的内容提供必要的参考资料。

2. 按账页格式分类

(1) 两栏式账簿。两栏式账簿是指格式上只有借方和贷方两栏的账簿,如普通日记账。

(2) 三栏式账簿。三栏式账簿是指格式上设有借方、贷方和余额三栏的账簿,如"应收账款""应付账款""实收资本"等明细账。

(3) 多栏式账簿。多栏式账簿是指在账簿的两个基本栏目设有借方和贷方栏次,按照需要又分设若干个专栏的账簿,如,"生产成本""管理费用""营业外收入""本年利润"等明细账。

(4) 数量金额式账簿。数量金额式账簿是指账簿的借方、贷方和余额三个栏目内,都分设数量、单价和金额三小栏的账簿,如,"原材料""库存商品"等明细账。

(5) 横线登记式账簿。横线登记式账簿是指在同一张账页的同一行,记录某一项经济业务从发生到结束的相关内容的账簿,如"在途物资"明细账。

3. 按外形特征分类

(1) 订本账。订本账是指在启用前将编有顺序页码的一定数量账页装订成册的账簿,如总分类账、现金日记账和银行存款日记账。

(2) 活页账。活页账是指将一定数量的账页置于活页夹内,可根据记账内容的变化而随时增加或减少部分账页的账簿,如材料明细账。

(3) 卡片账。卡片账是指将一定数量的卡片式账页存放于专设的卡片箱中,账页可以根据需要随时增添的账簿,如固定资产明细账。

二、会计账簿的基本内容

各单位均应按照会计核算的基本要求和会计规范的有关规定,结合本单位经济业务的特点和经营管理的需要,设置必要的会计账簿,并认真做好记账工作。会计账簿的形式和格式多种多样,但均应具备下列组成内容。

(一) 账簿封面

账簿封面主要标明账簿的名称,如总分类账簿、各种明细分类账、库存现金日记账和银行存款日记账等。

(二) 账簿扉页

账簿扉页主要用来列明会计账簿的使用信息,如科目索引、账簿启用和经管人员一览表等。

(三) 账簿账页

账簿账页是账簿用来记录经济业务的主要载体。会计账簿由若干账页组成,每一账页应包括以下内容：

(1) 账户的名称。

(2) 登记账簿的日期栏。

(3) 记账凭证的种类和编号栏。

(4) 记录经济业务内容的摘要栏。

(5) 记录经济业务的增减变动和余额的金额栏。

(6) 总页次和分户页次栏。

三、会计账簿的启用要求

启用会计账簿时，应当在账簿的有关位置记录以下相关信息。

(一) 设置账簿的封面

除了订本账不另设封面，各种活页账都应设置封面和封底，并登记单位名称、账簿名称和所属会计年度等信息，如图 6-8 和图 6-9 所示。

图 6-8　订本账

____

_____年____月____日

会 计 账 簿 封 面

科目名称：______________

____

____

____

第_____册　共_____册

财务负责人：______ 记账：______ 复核：______ 保管：______ 装订人：______

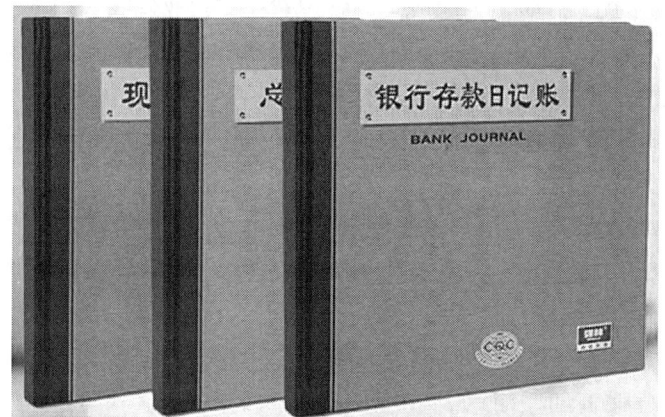

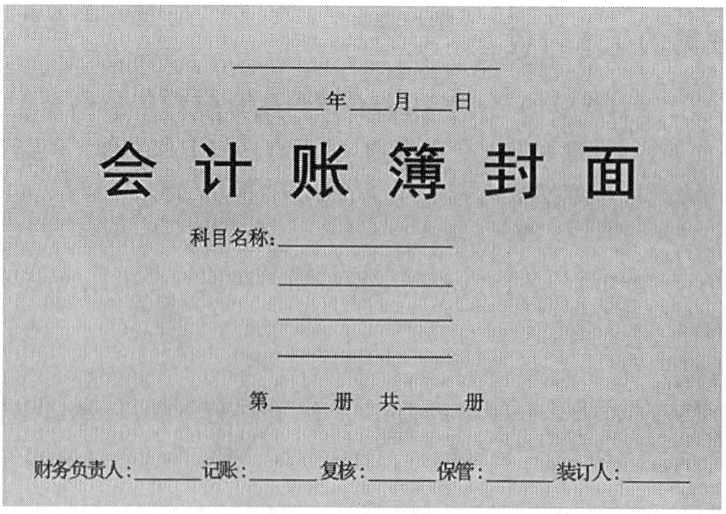

图 6-9　活页账封面

 学中思

库存现金日记账、银行存款日记账和总分类账都需要设封底和封面吗?

(二) 登记会计账簿启用及经管人员一览表

启用会计账簿时,需要填写账簿启用表,并加盖单位公章。在会计人员发生变更时,应办理交接手续并填写账簿启用表,如表 6-1 所示。

表 6-1　　　　　　　　　　　　　　　账簿启用表

账簿启用表									
单位名称									单位公章
账簿编号	字　　第　　号第　　册共　　册								
账簿页数	本账簿共　　页								
启用日期	年　　月　　日								
经管人员		接　　管		移　　交		会计负责人		备注	
姓　名	盖章	年	月	日	年	月	日	姓　名	盖章

(三) 填写会计账簿目录

会计账簿启用应填写账簿目录表,如表 6-2 所示。总账应按照会计科目的编号顺序填写科目名称及启用页码。在启用活页式明细分类账时,应按照所属会计科目填写科目名称和页码,在年度结账后,撤去空白账页,填写使用页码。

表 6-2　　　　　　　　　　　　　　　账簿目录表

账簿目录表											
顺序	编号	账户名称	页码	顺序	编号	账户名称	页码	顺序	编号	账户名称	页码
1											
2											
3											
4											
5											
6											
7											
8											
9											
…											

四、会计账簿的整理

各种会计账簿年度结账后,除了跨年使用的会计账簿,其他账簿都应按时整理并妥善保管,立卷归档。

总账、日记账和大部分明细账应每年更换一次。但有些财产物资明细账和债权债务明细账,如固定资产、原材料、应收账款、应付账款等账簿,由于材料品种、规格和往来单位较多,更换新账抄写工作量大,可以跨年使用,此外各种会计备查账簿也可以连续使用。

会计账簿在装订前,应按账簿启用表的使用页数,核对各个账户是否相符,账页数是否齐全,序号排列是否连续。活页账在抽去空白页后,将账页数整理齐全,将账面项目填写完整,撤去账夹,为装订做好准备。

五、会计账簿的装订

(一) 会计资料的排列顺序

(1) 会计账簿封面。
(2) 账簿启用表。
(3) 账户目录。
(4) 账页。
(5) 会计账簿封底。

(二) 活页账簿装订要求

(1) 保留已使用过的账页,填齐账簿目录页号,分别会计科目在账页的右上方编写总页数和分页数,加装封面、封底,并在扉页上填写启用表。

(2) 按封面、账簿启用表、账簿目录、账页和封底顺序排列,装订成册。封口处加盖装订人员名章、账簿脊背处注明所属年度。

(3) 按同类业务、同类账页装订,不同规格的活页账不得装订在一起。

财务人员在进行多栏式活页账、三栏式活页账和数量金额式活页账等账簿装订时,可以将三类账簿装订在一起吗?

(4) 在会计账簿的封面上填写账目的种类,编写卷号,财务主管人员和装订人(经办人)在封面上签章。

(三) 订本账装订要求

会计年度结束后,需要及时加工整理订本账(如日记账、总账等)。为了保持账簿原来面貌,订本账未用完的空白账页不得抽出,确保原状 100 页(或 50 页)完整无缺。订本账不得撤去空白页,但需要在账户记录页的最末一行下划红线,以示结束使用。在账簿目录页上,详细记录使用账页的页数和空白账页的页数。

订本账年末装订前,有空白页,可以去除空白页吗?

(四)账簿装订后的其他要求
(1) 会计账簿应牢固、平整,不得有折角、缺角、错页、掉页和加空白纸等现象。
(2) 会计账簿的封口要严密,封口处加盖有关印章。
(3) 会计账簿封面应齐全、平整,并注明所属年度及账簿名称、编号。编号为一年一编,编号顺序为总账、库存现金日记账、银行存款日记账和分类明细账。
(4) 会计账簿按保管期限,分别编制卷号。除了跨年使用的账簿,应按照总账、库存现金日记账、银行存款日记账和往来明细账等的顺序,编制年度案卷总序号,立卷归档。

对于会计档案保管期限,应从会计年度终了后的第一天算起。对于部分长期无法归档的会计资料,其保管期限应从其实际归档后的次年起算。

任务三 整理、归档财务会计报告和其他会计资料

一、财务会计报告的整理与归档

(一)财务会计报告的含义及构成

1. 财务会计报告的含义

财务会计报告是指单位会计部门根据经过审核的会计账簿记录和有关资料,编制并对外提供的反映单位某一特定日期财务状况和某一会计期间经营成果、现金流量及所有者权益等会计信息的书面文件。

财务会计报告所提供的关于企业财务状况、经营成果和现金流量等信息,是企业投资者、债权人、政府管理者和社会公众等利益相关者评价、考核和监督企业管理者受托经营责任履行状况的基本手段,是企业投资者、债权人等作出投资或信贷决策的重要依据。真实、完整、有用的财务会计报告是经济社会诚信的重要内容和基石;提供虚假财务报告是违法行为,构成犯罪的应依法追究刑事责任。

2. 财务会计报告的构成

(1) 财务会计报告包括财务会计报表和其他应当在财务会计报告中披露的相关信息和资料。财务会计报表是财务会计报告的主体和核心内容;其他应当在财务会计报

告中披露的相关信息和资料是对财务会计报表的补充和说明,共同构成财务会计报告体系。

财务会计报表是指对企业财务状况、经营成果和现金流量的结构性描述。一套完整的财务会计报表至少应包括"四表一注",即资产负债表、利润表、现金流量表、所有者权益(股东权益)变动表和附注,并且这些组成部分在列报上具有同等的重要程度。

(2)财务会计报告按照编报时间不同,分为年报和中期报告。年报是年度财务会计报告的简称,是指以会计年度为基础编制的财务会计报告。中期报告是中期财务会计报告的简称,是指以中期为基础编制的财务会计报告。中期财务会计报告至少包括资产负债表、利润表、现金流量表和附注。财务会计报表相应分为年度财务会计报表和中期财务会计报表。中期财务会计报表分为月度、季度和半年度财务会计报表。此外,财务会计报表按编制主体,分为个别财务报表和合并财务报表;按服务对象,分为外部报表和内部报表。财务会计报表的分类,如图6-10所示。

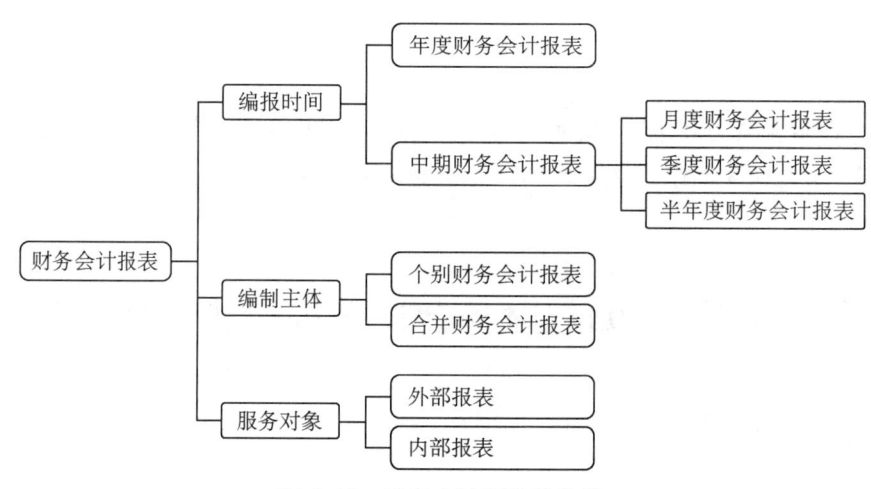

图 6-10 财务会计报表的分类

(二)财务会计报告的整理

对财务会计报告的整理,会计人员应区分不同保管期限立卷。根据保管期限不同,财务会计报告包括永久保管和定期保管两大类。其中,年度决算和年度报告为永久保管,其他报告为定期保管。各单位编制的财务会计报告(包括本单位留存的报告和编制报告的底稿),均应按每月、季、年度分别整理,财务会计报告的整理,是装订的前提和基础。各期财务会计报告整理顺序一般是将编制的财务会计报告说明书放在首页,其次是反映全面情况的主要财务会计报表,最后是有关明细报表和附表,以便按报表顺序编号装订。

(三)财务会计报告的装订

财务会计报告编制完成并及时报送后,留存的财务会计报告需要按月装订成册谨防丢失。小企业可按季装订成册。

1. 财务会计报告装订顺序

(1)财务会计报告封面,如图6-11所示。

(2)财务会计报告编制说明。

(3) 按财务会计报表的编号顺序排列的各种财务会计报表。
(4) 财务会计报告封底。

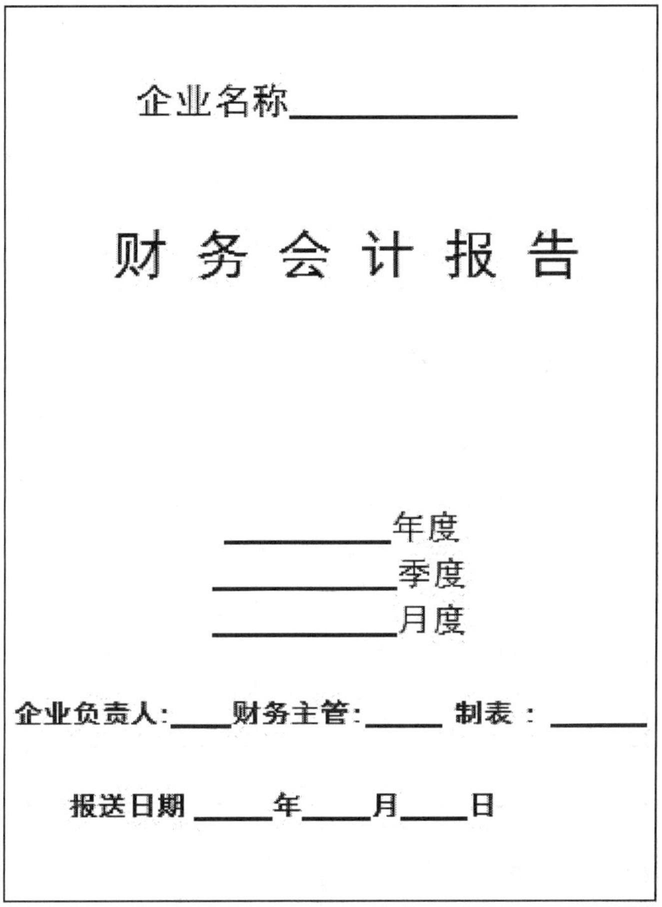

```
       企业名称_____


       财 务 会 计 报 告




              _____年度
              _____季度
              _____月度

   企业负责人:____财务主管:____ 制表:_____

   报送日期 ____年____月____日
```

图 6-11　财务会计报告封面

2. 财务会计报告装订要求

(1) 检查核对。在财务会计报告装订前,要按编报目录核对是否齐全。

(2) 案卷组合。年度决算报告要单独装订,季度和月度报告可根据张数的多少装订成一卷或数卷。财务会计报告的文字资料是对财务会计报告的分析和说明,必须与财务会计报告组合到案卷,以保持其内容的密切联系。

(3) 卷内财务会计报告排列。卷内财务会计报告排列顺序为财务会计报告封面、财务会计报告编制说明、各种会计报表(按会计报表的编号顺序排列)、财务会计报表的必要文字说明、财务会计报告封底。

(4) 编页码。在财务会计报告有内容的页面右上角依次编写页码。

(5) 填写卷内目录和备考表。填写卷内目录表(表 6-3)和备考表(图 6-12)。卷内目录表一般有顺序号、文号、责任者、题名、日期、页号、备注等。备考表一般有卷内情况说明、立卷人、立卷日期等。

表 6-3　　　　　　　　　　　　　　　卷内目录表

序号	文件编号	责任者	文件题名	日期	页次	备注

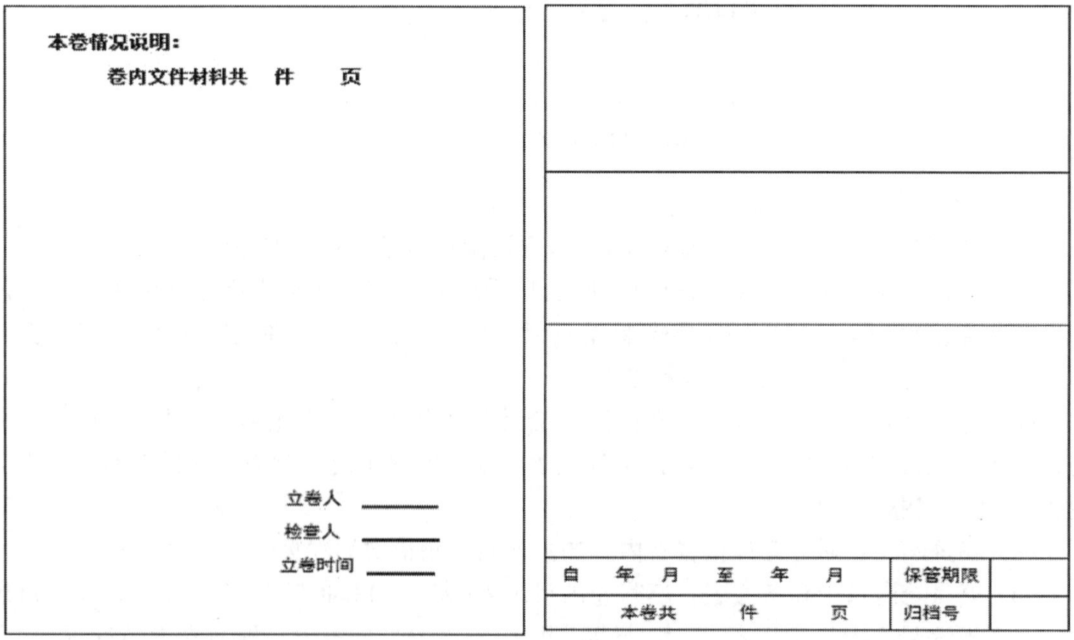

本卷情况说明：
　　卷内文件材料共　　件　　页

立卷人　_____
检查人　_____
立卷时间　_____

自　年　月　至　年　月　　保管期限
本卷共　　件　　页　　归档号

图 6-12　卷内备考表

(6) 装订。在财务会计报告装订前,要按编报目录核对是否齐全,整理财务会计报告页数,将财务会计报告的上边和左边对齐压平,防止折角。按组合时分出的卷数采用三孔一线方式在财务会计报告左侧装订,结头在财务会计报告的背面。

财务会计报告如有损坏部位,应修补后完整无缺地装订。

(7) 封面编目。封面栏一般有单位名称、类别名称、题名、保管期限、年度、案卷号、件数、页数和会计处理号等项目。在封面栏上,贴上标签,长期保存的财务会计报告,最好将其放入卷盒内保管,并在脊背处填写档案号等项目。

某市财政部门在对企业进行财务检查时,发现财务会计报告的装订,仅用订书机订上,既无封面,又无封底,财务情况说明书附在最后。请问这种装订方式符合会计制度规定吗?正确的装订方式是什么?

(四) 财务会计报告的归档

财务会计报告一般在年度终了后,由专人(一般是主管财务会计报告的人员或财会机构负责人)统一收集、整理,并立卷归档。平时,月(季)度财务会计报告由主管人员负责保存。年终,将全年财务会计报告按时间顺序装订成册,登记会计档案目录,逐项写明财务会计报告名称、页数和归档日期等。经会计机构负责人审核盖章后,由主管财务会计报告人员负责装盒归档,按保管期限编制卷号。

二、其他会计资料的整理与归档

(一) 其他会计资料的含义及内容

其他会计资料是指除了会计凭证、会计账簿、财务会计报告的其他会计信息和资料,包括银行存款余额调节表、银行对账单、纳税申报表、会计档案移交清册、会计档案保管清册、会计档案销毁清册、会计档案鉴定意见书、年(季)度成本、利润计划、月度财务收支计划、经济活动分析报告、工资计算表、一些重要的经济合同以及其他具有保存价值的会计资料。

银行存款余额调节表由企业编制,可作为"银行存款"科目的附列资料保存。该表编制的主要目的在于核对企业账目与银行账目的差异,并检查差错。银行存款余额调节表是一种对账工具,并不是原始凭证。

(二) 其他会计资料整理

其他会计资料应随同正式会计档案进行收集整理。但是并不全部移交档案管理部门,在一个相当长时间内,应由财会部门保管。会计人员需要认真筛选,把收集起来的会计资料,逐件进行鉴别,将需移交档案管理部门保管存放的会计资料,按要求另行组卷装订后移交档案管理部门。

年(季)度成本、利润计划、月度财务收支计划、经济活动分析报告、工资计算表等期末均需整理归档吗?

任务四 会计档案管理

一、会计档案概述

(一)会计档案的含义

会计档案是指企业在进行会计核算等过程中接收或形成的,记录和反映企业经济业务事项的,具有保存价值的文字、图表等各种形式的会计资料,包括通过计算机等电子设备形成、传输和存储的电子会计档案。

(二)会计档案的内容

下列会计资料应当进行归档:

(1) 会计凭证。会计凭证包括原始凭证和记账凭证。

(2) 会计账簿。会计账簿包括总账、明细账、日记账、固定资产卡片及其他辅助性账簿。

(3) 财务会计报告。财务会计报告包括月度、季度、半年度和年度财务会计报告。

(4) 其他会计资料。其他会计资料包括银行存款余额调节表、银行对账单、纳税申报表、会计档案移交清册、会计档案保管清册、会计档案销毁清册、会计档案鉴定意见书及其他具有保存价值的会计资料。

会计资料和会计档案

会计资料是指所有会计使用和待使用的资料;会计档案是指具有入档价值的、已经入档的会计资料。会计资料和会计档案不是一个概念,两者有相同的地方,也有不同的地方。

二、会计档案管理

企业应当加强会计档案管理工作,建立和完善会计档案的收集、整理、保管、利用、鉴定和销毁等管理制度。会计档案管理应采取可靠的安全防护技术和措施,保证会计档案的真实、完整、可用和安全。会计档案管理应注意以下几点：

（1）企业可以利用计算机、网络通信等信息技术手段管理会计档案。

（2）满足条件的，企业内部形成的属于归档范围的电子会计资料，可仅以电子形式保存。

> 企业从外部取得发票报销时，必须打印吗？

（3）企业的会计机构或会计人员所属机构，应按照归档范围和归档要求，负责定期将应当归档的会计资料整理、立卷，编制会计档案保管清册。

（4）企业会计管理机构临时保管会计档案最长不超过 3 年。临时保管期间，会计档案的保管应当符合国家档案管理的有关规定，且出纳人员不得兼管会计档案。

（5）企业会计管理机构在办理会计档案移交时，应当编制会计档案移交清册，按照国家档案管理的有关规定办理移交手续。

（6）企业保存的会计档案一般不得对外借出。确因工作需要且根据国家有关规定必须借出的，应当严格按照规定办理相关手续。

（7）会计档案的保管期限分为永久和定期两类。定期保管期限一般分为 10 年和 30 年。企业和其他组织会计档案保管期限，如表 6-4 所示。会计档案的保管期限，从会计年度终了后的第一天算起。

表 6-4　　　　　　　　　企业和其他组织会计档案保管期限表

序号	档案名称	保管期限	备注
一	会计凭证		
1	原始凭证	30 年	
2	记账凭证	30 年	
二	会计账簿		
3	总账	30 年	
4	明细账	30 年	
5	日记账	30 年	
6	固定资产卡片		固定资产报废清理后保管 5 年
7	其他辅助性账簿	30 年	
三	财务会计报告		
8	月度、季度、半年度财务会计报告	10 年	
9	年度财务会计报告	永久	
四	其他会计资料		

(续表)

序号	档案名称	保管期限	备注
10	银行存款余额调节表	10年	
11	银行对账单	10年	
12	纳税申报表	10年	
13	会计档案移交清册	30年	
14	会计档案保管清册	永久	
15	会计档案销毁清册	永久	
16	会计档案鉴定意见书	永久	

20×2年12月,某市审计部门对企业进行审计检查。在检查中发现20×1年3月财务部门负责人将其女儿调入企业财务科担任出纳工作,兼管会计档案。请指出上述情况是否符合法律规定,并说明理由。

三、电子会计档案管理

(一)电子会计档案的概述

电子会计档案是指以磁性介质形式储存的会计核算专业材料,是记录和反映经济业务的重要历史资料和证据。电子会计档案包括电子凭证、电子账簿、电子报表和其他电子会计核算资料等。

(二)电子会计档案的保管

企业内部形成或外部接受会计资料符合归档条件的,可仅以电子形式归档保存,形成电子会计档案。

1. 企业内部形成的电子会计资料

(1)电子会计资料来源真实有效,由计算机等电子设备形成和传输。

(2)会计核算系统能够准确、完整、有效地接收和读取电子会计资料,能够输出符合国家标准归档格式的会计凭证、会计账簿和财务会计报告等会计资料,设定了经办、审核和审批等必要的审签程序。

(3)电子档案管理系统,能够有效接收、管理和利用电子会计档案,符合电子档案的长期保管要求,并建立了电子会计档案与相关联的其他纸质会计档案的检索关系。

(4)采取有效措施,防止电子会计档案被篡改。

(5)建立电子会计档案备份制度,能够有效防范自然灾害、意外事故和人为破坏的影响。

(6)电子会计资料不属于具有永久保存价值或者其他重要保存价值的会计档案。

对于企业内部形成的会计资料,符合上述六个条件,可以仅以电子形式保存。

2. 企业外部接收的电子会计资料

企业从外部接收的电子会计资料,在同时符合上述条件,且附有符合规定的电子签名的情况下,也可以仅保存电子会计资料,不必形成纸质材料。

3. 电子会计档案移交资料

电子会计档案移交时,应当将电子会计档案及其元数据一并移交,且文件格式应当符合国家档案管理的有关规定。特殊格式的电子会计档案应当与其读取平台一并移交。

纸质会计档案移交时,应当保持原卷的封装。

4. 电子会计档案的销毁

销毁电子会计档案,应当符合国家有关电子档案的规定,并由企业档案管理机构、会计管理机构和信息系统管理机构共同派员监销。

保管期满但未结清的债权债务会计凭证和涉及其他未了事项的会计凭证不得销毁;纸质会计档案应当单独抽出立卷;电子会计档案单独转存,保管到未了事项完结时为止。

课后练习

1. 会计凭证的整理有哪些要求?如何装订记账凭证?
2. 会计账簿的启用需要做哪些工作?活页账装订有哪些要求?
3. 财务会计报告装订有哪些要求?
4. 什么是电子会计档案?电子会计档案归档有哪些条件?

项目七　计算机开票和网络报税技能

 项目描述

会计人员利用计算机技术和信息通讯技术,进行计算机开票和网络报税,一方面实现无纸化办公,极大地缩短了纳税申报时间,降低了纳税人的遵从成本,提高了征管效率;另一方面对会计人员的处理细节进行记录,便于日后查询、检索和统计。计算机开票和网络报税具有快捷、省时、省力、安全和高效等特点。本项目主要介绍计算机开票和网络报税等内容。

 项目目标

知识目标
1. 掌握电子发票的基本知识。
2. 了解增值税防伪税控系统的组成和基本功能。
3. 掌握增值税防伪税控开票系统开票的程序。
4. 掌握网络报税系统网上报税的操作流程。
5. 掌握全面数字化的电子发票的特点和开票程序。

技能目标
1. 能够正确开具增值税普通发票和增值税专用发票。
2. 能够正确、及时地进行网上税费申报。
3. 能够正确开具增值税电子普通发票和增值税电子专用发票。
4. 能够正确开具全面数字化的电子普通发票和电子专用发票。

素质目标
1. 通过计算机开票和网络报税的运用,培养学生创新思维能力。
2. 通过全面数字化的电子发票的运用,培养学生自主学习能力。

 思维导图

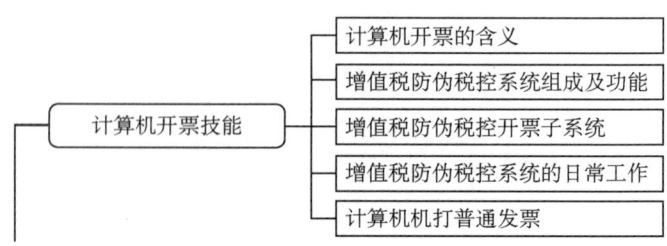

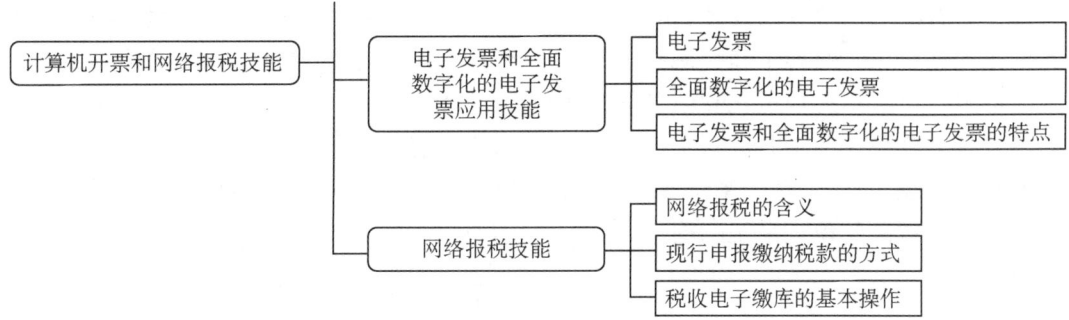

 项目导入

晓丽是某企业的会计,在企业负责开具增值税发票和报税业务。2023年1月20日,晓丽看到上海市税务局发布的《国家税务总局上海市税务局关于全面数字化的电子发票开票试点全面扩围工作安排的通告》,内容包含了三点:①上海市新设立登记的纳税人纳入数字化电子发票开票试点范围;②自纳入数字化电子发票开票试点之日起,不再领用增值税电子专用发票及增值税电子普通发票;③纳税人确有特殊情形,无法纳入数字化电子发票试点,按现行发票管理规定向主管税务机关申请使用其他发票。晓丽想:什么是全面数字化的电子发票?随着全面数字化的电子发票的推广,防伪税控开票系统还能继续使用吗?全面数字化的电子发票和当前使用的电子发票有什么不同?

任务一　计算机开票技能

 知识课堂

一、计算机开票的含义

计算机开票是指借助于计算机开具的各种票据,包括增值税普通发票和增值税专用发票。增值税专用发票和增值税普通发票均由防伪控管系统开具,防伪控管系统由企业端和税务端两部分组成。防伪控管系统的推行,可以最大限度地遏制涉税违法现象,有效防范和打击偷税和骗税行为。

由于控管发票的推行还不普遍,各地做法又不尽相同,计算机开票的方式也有差别。下面从企业的角度重点介绍防伪税控系统基本原理。

二、增值税防伪税控系统的组成及功能

(一)增值税防伪税控系统的组成

增值税防伪税控系统是指由税务机关采用数字技术和信息技术建立的发票、票据、税款及税收优惠政策等的管理系统。通过增值税防伪税控系统,可有效实施和管理税收优惠政策,提高税收减免政策的利用率,保护社会公平,有助于实现经济健康发展。利用增值税防

伪税控系统开具增值税专用发票,是国家"金税工程"的重要组成部分。增值税防伪税控系统为发票的防伪、识伪、票源和税源控制提供了有力手段。随着"金税工程"的广泛实施,专用发票的管理已经纳入规范化和信息化的轨道。

增值税防伪税控系统共有六个子系统。在税务端使用的子系统包括税务发行子系统、企业发行子系统、发票发售子系统、报税子系统和认证子系统;企业端使用的则是防伪开票子系统。增值税防伪税控系统的构成,如图7-1所示。

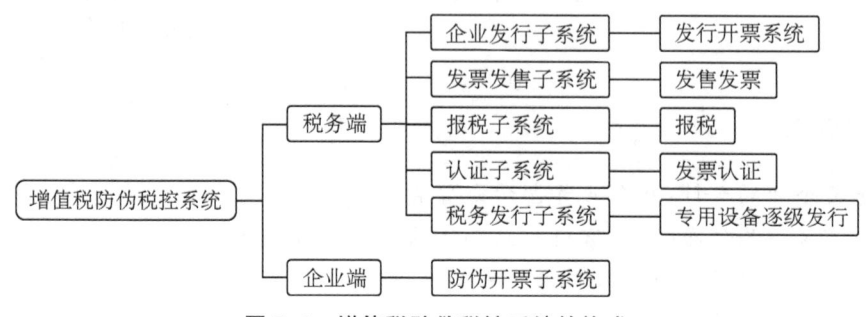

图 7-1　增值税防伪税控系统的构成

(二) 防伪税控系统的功能

增值税防伪税控系统的功能,如表7-1所示。

表 7-1　　　　　　　　　　增值税防伪税控系统主要功能

系统名称	主要功能
税务发行子系统	对下级税务机关所使用的税务发行子系统、下级企业发行子系统、发票发售子系统、下级认证和报税子系统进行发行
企业发行子系统	对企业防伪开票子系统所运用的税控设备进行初始发行,包括企业基本信息、限定开票的范围和金额等
发票发售子系统	向企业开票子系统发售专用发票,在向企业发售纸质发票同时,把相应发票的电子信息写入企业税控IC卡中
报税子系统	接受并审核企业的报税数据,对所辖企业进行已报税和未报税信息查询统计,并向稽核系统传出数据
认证子系统	对企业取得的增值税专用发票的抵扣联进行真伪认证
防伪开票子系统	企业开具增值税专用发票

增值税防伪税控各子系统的专用设备在使用前必须经过密钥发行。在发行过程中完成密钥的自动生成和传递,未经发行的金税卡不能使用。启用增值税防伪税控开票子系统,必须先由税务机关的企业发行子系统对企业开票子系统作初始发行;与此同时,税务部门使用的税务发行子系统、企业发行子系统、发票发售子系统和认证报税子系统在启用前也必须经其上级税务发行子系统发行。

小提示

> 增值税防伪税控系统按行政区划设置为四级:国家税务总局、省税务局、地市税务局和县税务局,发行过程中必须逐级进行,不能越级发行。

三、增值税防伪税控开票子系统

(一) 增值税防伪税控开票子系统的组成及功能

增值税防伪税控开票子系统运行在企业端。增值税防伪税控开票子系统的功能包括对税控金税卡与IC卡进行管理、开具带有防伪电子密码的增值税专用发票、抄税以及对发票资料进行查询统计和报表输出等。增值税防伪税控开票子系统,一方面简化了开票人员的工作,另一方面又能与其他子系统密切配合,从而有效地杜绝了增值税的偷税和漏税现象。

增值税防伪税控开票子系统主要由通用设备、专用设备和开票软件等三部分构成。

1. 通用设备

(1) 计算机。计算机操作系统要求Windows98以上版本,硬件最低配置要符合安装开票软件的要求,建议使用防伪税控专用机。

(2) 打印机。使用针式打印机。

2. 专用设备

(1) 金税盘。金税盘是开票软件的核心部件,企业开具的增值税专用发票数据被逐票存储于金税盘,具有数据加密和安全存储等功能。金税盘还同时具备报税盘的功能,可按需灵活搭配,既可以单独使用金税盘,又可以配合报税盘使用。

(2) 报税盘。报税盘是信息传递的媒介,主要用于购买增值税专用发票和抄、报税,在企业与税务部门之间传递发票信息和报税信息。

3. 开票软件

开票软件主要由业务处理模块、系统管理功能、系统维护功能、防伪税控模拟功能和联机帮助功能等组成。

知识拓展

> 开票金税卡是增值税防伪税控系统的核心,每台机器内插一块。金税卡内含有三个功能部件,即加密功能部件、税控黑匣子和IC卡读写接口,全部功能在卡内完成。IC卡读卡器用于读写IC卡中信息;税控IC卡存放企业税务登记号等内容,类似于企业的"身份证",是进入本系统的"钥匙"。

(二) 增值税防伪税控开票子系统基本操作程序

1. 购买和开具增值税专用发票

(1) 购买增值税专用发票。企业使用增值税防伪税控开票子系统开具增值税专用发票前,首先持税控IC卡到税务部门购买纸质增值税专用发票。购买纸质增值税专用发票的同时,税务部门将购票的电子信息写入企业的税控IC卡,每张增值税专用发票上的发票代码和号码是唯一的。

(2) 读入增值税专用发票。企业将IC卡上的增值税专用发票号码读入到开票系统。

(3) 填开、打印增值税专用发票。开具增值税专用发票时,开票子系统自动从首张发票流水号开始顺序使用,直至用完;若无新购发票,系统将自动关闭,不能继续开具增值税专用发票。

税务部门通过对实物增值税专用发票与增值税专用发票电子信息一致性的控制,使企业难以使用假增值税专用发票进行开票,从而进一步增强了系统的安全性;通过对企业增值税专用发票的领、用、存情况的详细记录,有效地控制了票源。

2. 防伪与计税

增值税防伪税控开票子系统采用了国际上先进的加密算法和密码机制,确保每台开票机开具的增值税专用发票的密码唯一,且与每张增值税专用发票上的各项参数相对应。开票过程中,增值税专用发票上的主要信息(包括发票代码、发票号码、开票日期、购方税号、销方税号、金额和税额)加密生成84位密文;并在打印增值税专用发票的同时,将主要信息逐票存入金税卡的"黑匣子"。

3. 识伪

增值税专用发票抵扣前,企业需持增值税专用发票到税务机关进行认证。税务机关工作人员利用扫描仪将增值税专用发票扫描到计算机内,计算机通过防伪认证子系统进行验证,即可识别增值税专用发票的真伪。增值税专用发票的认证包括大厅认证与网络认证两种方式。增值税专用发票须先认证相符后才能抵扣,普通发票不能抵扣,但可自愿验证。

4. 纳税申报

为了达到增值税防伪税控系统对增值税专用发票税额监控的目的,每次打印增值税专用发票时,开票子系统都将增值税专用发票的交易金额、税额、流水号以及发票使用情况记录在税控设备的"黑匣子"中。数据一旦写入,只能读取,不能修改。

每月抄、报税时,企业必须利用税控IC卡抄取"黑匣子"中的报税数据,并按时进行报税。如果企业抄税后未能及时申报,在报税起始日后的10日内仍能开发票,但超过10日,金税卡自动锁死,无法继续开具增值税专用发票,纳税人只有在报税成功后方能解锁恢复正常功能。

小提示

增值税防伪税控系统适用范围

国家税务总局规定,自1996年1月1日起,取消百万元版、千万元版增值税专用发票。凡一次开票销售额达到百万元以上的增值税一般纳税人,均应纳入增值税防伪税控系统,开具计算机版增值税专用发票。自2000年1月1日起,手写十万元增值税专用发票停止使用,凡一次开票销售额达到十万元以上的增值税一般纳税人,以及被认定为增值税一般纳税人的国有粮食购销企业的粮食销售业务,均纳入增值税防伪税控系统,开具计算机版增值税专用发票。

根据以上规定,在增值税一般纳税人中,凡一次开票销售额达到十万元以上的企业,均应纳入增值税防伪税控系统;一次开票销售额达不到十万元以上的增值税一般纳税人,经主管税务机关审批同意,也可纳入增值税防伪税控系统。

四、增值税防伪税控系统的日常工作

(一)增值税专用发票的领购

每次领购增值税专用发票,企业应当填写增值税专用发票领购单,注明领购增值税专用

发票的份数。经签字批准后,领购人员持 IC 卡、增值税专用发票领购簿和增值税专用发票章等资料,到税务服务大厅办理购票手续。若当地税务部门已经开通网上购票,纳税人纳入网上购票范围,可通过电子税务局办理增值税专用发票领购业务。

在税务服务大厅领购纸质增值税专用发票后,企业开票人员需要确认领购的纸质增值税专用发票与税务机关发行到企业 IC 卡上的电子增值税专用发票信息是否一致,确定无误后,开票人员方可办理发票开票业务。

(二) 增值税专用发票的入库

领购增值税专用发票后,将带有电子增值税专用发票信息的 IC 卡插入读卡器,通过增值税防伪税控开票子系统软件,根据电脑上的提示,将 IC 卡中的增值税专用发票电子信息读入金税卡,并将纸质增值税专用按号码顺序保存。

读入增值税专用发票的电子信息后,系统会按其读入顺序自动给出增值税专用发票号码。开票时,系统会自动从最先读入的增值税专用发票开始调出发票,开票人应按发票号码顺序填开和保存纸质增值税专用发票。

如果某号段增值税专用发票已经入库,能否再次读入?

(三) 增值税专用发票的退回

增值税专用发票退回是指将企业金税卡中未开的增值税专用发票电子信息退回到税控 IC 卡中。开票人退回后,不能通过发票读入重新读入金税卡中,只能到税务机关处理。

一般情况下,企业在遇到下列情况时,应将金税卡内剩余的增值税专用发票退回:

(1) 所购增值税电子专用发票的代码或号码与实际的纸质增值税专用发票不符。
(2) 需要进行更改纳税号或更换金税卡等操作。
(3) 当地税务部门要求将剩余增值税专用发票退回。

(四) 发票填开

1. 填开前准备

开票人员每次在上机开具增值税专用发票前,须检查电脑及打印机的工作状态,查看计算机和打印机是否已经正确地连接到 UPS 不间断电源上,查看打印机里是否存在待打印的文档。如果有未打印的文件,则需要先将未打印的文档打印完毕,以避免出现打票错误。

开票人员通过系统输入客户的电子税务信息,如单位全称、税号、地址、开户行和账号等,输入完成后再编辑客户要开具的商品信息。

增值税专用发票填开界面上的商品信息必须取自于商品编码库,不能在增值税专用发票填开界面上直接录入。

2. 发票的填开

设置完客户信息和商品信息后,根据业务内容填开增值税专用发票。

例如,东发标准件制造有限公司和雪亮有限责任公司签订购销合同,2022年1月11日,销售机械零件双头螺栓,规格 M12×110,数量 30 000 个,单价 1 元,增值税税率 13%,价税合计 33 900 元。企业开具增值税专用发票的过程如下:

（1）点击"发票管理/发票开具管理/发票填开/专用发票填开",系统弹出"发票号码确认窗口",点"确认"进入增值税专用发票填开界面,如图 7-2 所示。

图 7-2 增值税专用发票填开

> **小提示**
>
> 开具增值税专用发票前,注意核对系统出现的增值税专用发票号码是否与纸质专用发票一致。在确认无误后,进入增值税专用发票填开窗口。增值税专用发票上的开票日期由金税卡控制自动生成,无法人为修改。

（2）填写购货方信息。从编码库中选择"雪亮有限责任公司"。购方信息的填写,可以从客户编码库中选取,也可在票面上直接手工输入,纳税人根据实际情况选择。

（3）填写商品信息。开票员从商品编码库中选择"机械零件双头螺栓",依次输入数量、单价,系统自动计算金额和增值税额。

> **小提示**
>
> 在增值税专用发票填开界面,按"税价格"转换按钮,可转换含税价与不含税价(可重复转换),开票时灵活使用。

（4）填写销货方信息。销货方信息由系统自动调出，企业可以修改银行账号，但其他项目不能修改。

（5）当发票填写完毕并检查无误后，点击工具栏上的"打印"按钮，系统弹出打印对话框，此时可以设置页边距、预览打印效果或实施打印等。若选择"实施打印"按钮，系统打印输出增值税专用发票，如图 7-3 所示。

图 7-3 增值税专用发票

增值专用发票填开的注意事项如下：

（1）打印增值税专用发票前，开票人员需用 A4 纸打印比对，确保能把增值税电子发票上的所有信息无差错地打印在纸质增值税专用发票对应位置。

（2）针式打印机的色带需要经常更换，以免因色带问题出现废票现象。

学中思

增值税防伪税控系统设置了增值税专用发票的最大限额，若企业购买的是十万元版的增值税专用发票，那么增值专用发票最多能开 100 000 元，对吗？

（五）发票认证

企业每月取得的增值税进项发票抵扣联，必须在每月月底前到税务机关服务大厅或通过上网自行认证，否则将不能抵扣本月的增值税销项税额。

（六）发票作废

日常开具增值税专用发票时，需要仔细检查增值税专用发票中的各个要素是否存在错误，确保准确无误后再保存打印。但在实际工作中，仍会出现需要作废当月已开具的某一张增值税专用发票的情形。坚持"谁开票谁作废，随出现随作废"的原则，及时作废本月应当作废的增值税专用发票。

知识拓展

> 已抄、报税的或跨月的增值税专用发票不能作废,只能开具负数(红字)增值税专用发票冲销。增值税专用发票作废后无法改变作废状态,作废时,要仔细核对。开票员在对已开增值税专用发票进行作废时,系统限定除了"系统管理员"身份可以作废任何操作员开具的发票,其他操作员身份必须遵守"谁开具,谁作废"的原则。

(七)负数(红字)增值税专用发票的开具

负数增值税专用发票又称红字增值税专用发票。作废增值税专用发票功能只能作废企业本月开具的增值税专用发票。若是跨月作废增值税专用发票,需要开具负数(红字)增值税专用发票冲减。负数(红字)增值税专用发票是冲抵上个月或几个月的已开增值税专用发票,当月不能开具负数(红字)增值税专用发票;负数(红字)增值税专用发票既不能有清单,也不能加折扣。开具负数(红字)增值税专用发票,必须事先通知税务机关,得到许可后方可开具。

1. 申请开具红字增值税专用发票

红字增值税专用发票的申请,在具体执行时需根据实际情况,判断由购方企业申请还是由销方企业申请。红字增值税专用发票申请开具的原因及流程,如表7-2所示。

表7-2　　　　　　　　红字增值税专用发票申请开具的原因及流程

申请企业	开具原因	开具流程
购买方	① 购买方获得的增值税专用发票认证相符且已进行了抵扣,之后因发生销货退回或销售折让需要做进项税额转出。 ② 购买方获得增值税专用发票后,因增值税专用发票抵扣联、发票联均无法认证,导致购货方无法抵扣。 ③ 购买方获得增值税专用发票后,因纳税人识别号认证不符,导致购货方无法抵扣。 ④ 购买方获得增值税专用发票后,专用发票代码、号码认证不符导致购货方无法抵扣。 ⑤ 购买方获得增值税专用发票后,因所购货物不属于增值税扣税项目范围	① 购买方提交红字增值税专用发票开具申请单。 ② 购买方税务机关开具红字增值税专用发票信息表。 ③ 购买方将红字增值税专用发票信息表交予销售方。 ④ 销售方开具红字增值税专用发票
销售方	① 因增值税专用发票开票有误购买方拒收,购买方须开具拒收证明,销售方在增值税专用发票有效期180天内申请。 ② 因增值税专用发票开票有误等原因尚未交付,销方须在开票的次月向税局申请	① 销售方提交红字增值税专用发票信息表。 ② 销售方税务机关开具红字增值税专用发票信息表。 ③ 销售方开具红字增值税专用发票

开具红字增值税专用发票的具体操作流程如下:

(1)进入增值税专用发票开票系统。将金税盘插入计算机的USB接口上,双击"开票软件"图标。

(2)启动增值税专用发票开票软件,选择操作员并输入用户名、密码及口令。注意,证书口令错误输入超过5次,需要持金税盘到税务机关办税大厅重签证书。

（3）点击菜单栏中的"红字发票信息表/红字增值税专用发票信息表填开"菜单。

（4）系统弹出"购买方申请"和"销售方申请"选择按钮，开票员根据实际情况进行选择，填写红字增值税专用发票信息表，如表 7-3 所示。

表 7-3　　　　　　　　　　　红字增值税专用发票信息表

填开日期：　年　月　日

销售方	名称		购买方	名称		
	纳税人识别号			纳税人识别号		
开具红字专用发票内容	货物（劳务服务）名称	数量	单价	金额	税率	税额
说明	一、购买方□ 　　对应蓝字专用发票抵扣增值税销项税额情况： 　　　1. 已抵扣□ 　　　2. 未抵扣□ 　　　　（1）无法认证□ 　　　　（2）纳税人识别号认证不符□ 　　　　（3）增值税专用发票代码、号码认证不符□ 　　　　（4）所购货物或劳务、服务不属于增值税扣税项目范围□ 　　对应蓝字专用发票的代码：＿＿＿＿号码：＿＿＿＿ 二、销售方□ 　　　1. 购买方拒收发票□ 　　　2. 发票尚未交付□ 　　对应蓝字专用发票的代码：＿＿＿＿号码：＿＿＿＿						
红字发票信息表编号						

打印红字增值税专用发票信息申请表（一式两联）。

2. 上传红字增值税专用发票信息表

开票员点击上方工具栏"上传"按钮，即可上传红字增值税专用发票信息表至税务机关。税务机关自动对上传的信息表进行审批。审批完成后，红字增值税专用发票信息表上显示信息表编号数字和审核通过信息，红字增值税专用发票开具申请成功。

3. 填开红字增值税专用发票

（1）销售方开票员进入增值税专用发票填开界面,选择"负数（红字）"按钮下的"直接开具",系统会弹出通知单编号输入窗口。

（2）输入两遍通知单编号,验证无误后,点击"下一步"。

（3）系统弹出增值税专用发票代码、号码填写和确认窗口,无误后点击"确认"按钮,开具红字增值税专用发票。

（4）若纳税人取得红字增值税专用发票电子通知单,则不需要手工填写增值税专用发票内容,直接点击菜单栏中"红字/导入网络下载红字发票信息表"菜单。

（5）选择需要开具红字增值税专用发票的信息表,双击鼠标左键,自动完成该张红字增值税专用发票的填开。

（6）点击"打印"按钮,即可完成增值税专用发票的打印工作。

五、计算机机打普通发票

普通发票控管系统是指以普通发票存根联数据库为核心的普通发票控管开具和普通发票管理系统。普通发票控管系统能够实现普通发票的防伪开具、全面报送查验和票表稽核等功能,对普通发票使用过程的各个环节进行全面有效的控制,最大限度地遏制社会违法现象的发生。增值税普通发票的开具流程和增值税专用发票基本相同,这里不再赘述。

一般纳税人使用普通发票控管系统开具普通发票,并在每月报税时把发票信息报送到税务局的数据库中,通过普通发票公众查验系统或上网对发票信息的真实性进行核实,对普通发票管理系统和报送的发票进行票表核查比对。增值税普通发票,如图7-4所示。

图7-4 增值税普通发票

任务二　电子发票和全面数字化的电子发票应用技能

知识课堂

一、电子发票

（一）电子发票概述

1. 电子发票的含义

电子发票是增值税电子发票的简称，是指经营活动中开具或收取的数据电文形式的收、付款凭证，即电子形式的发票。电子发票是信息时代的产物，和普通发票架构一样，采用税务局统一发放的形式给商家使用，其法律效力、基本用途和基本使用规定等与税务机关监制的增值税发票相同。电子发票一般以 PDF 格式文件存在，可供纳税人下载储存到手机、U 盘等电子储存设备中。

2. 电子发票的种类

电子发票分为增值税电子普通发票和增值税电子专用发票。

（1）增值税电子普通发票。增值税电子普通发票是指通过增值税发票系统升级版开具、上传，通过电子发票服务平台查询、下载的增值税电子普通发票。增值税电子普通发票区别于传统纸质发票，是在原有加密防伪措施上，使用数字证书进行电子签章后供购买方下载使用的发票，如图 7-5 所示。

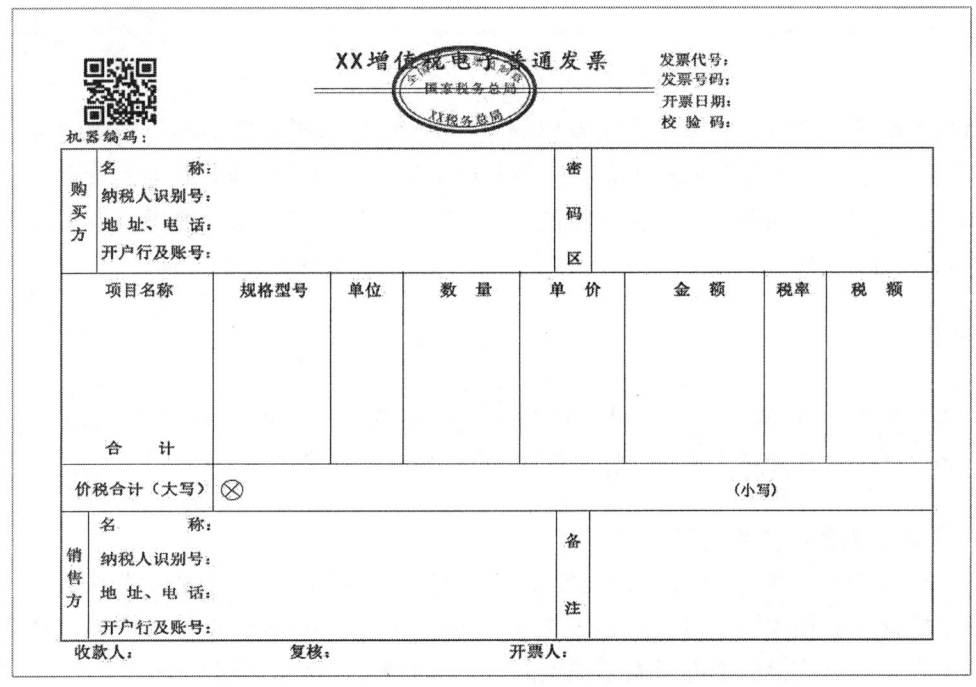

图 7-5　增值税电子普通发票

(2) 增值税电子专用发票。增值税电子专用发票是指由税务机关通过电子方式发放和管理的一种特定类型的发票,如图7-6所示。增值税电子专用发票具备与纸质增值税专用发票相同的法律效力和财务凭证属性。

图7-6 增值税电子专用发票

增值税电子普通发票和电子专用发票的法律效力、基本用途和基本使用规定等与纸质发票相同。增值税电子发票的产生是为了税务机关可以更加规范地对企业的发票信息和发票透明度进行管理。随着电子商务企业的兴起,电子发票可以更有效地规范电子商务企业的运营,减少企业偷税、漏税的行为,同时也降低了税务机关发票管理成本。

 学中思

《发票管理办法》第二十一条第一款规定:"开具发票应当按照规定的时限、顺序、栏目,全部联次一次性如实开具,开具纸质发票应当加盖发票专用章。"

(二) 电子发票的产生与推广

(1) 2012年5月中旬,国家发改委发布《关于组织开展国家电子商务示范城市电子商务试点专项的通知》,相关城市可提出建设电子商务示范城市申请,试点城市可提出推广电子发票的要求。当时获批开展电子发票试点的城市仅有重庆、南京、杭州、深圳和青岛5个。

(2) 2013年6月27日,北京市发布《关于电子发票应用试点若干事项的公告》,在北京

市开展电子发票应用试点。小米科技、国美在线、凡客诚品、易迅网、苏宁易购和酒仙网等电子商务企业加入试点。

（3）2015年7月20日，国家税务总局决定，自2015年8月1日起在北京、上海、浙江和深圳开展增值税电子发票试运行工作，试点地区纳税人使用增值税电子发票系统开具增值税电子普通发票。

（4）2015年12月1日，国家税务总局发布《关于推行通过增值税电子发票系统开具的增值税电子普通发票有关问题的公告》，明确自2016年1月1日起使用增值税电子发票系统开具增值税电子普通发票。

（5）2020年12月20日，国家税务总局发布《关于在新办纳税人中实行增值税专用发票电子化有关事项的公告》，全国新办纳税人分两批次自2020年12月21日全面推广增值税专用发票电子化。新办纳税人既能出具增值税电子版专用发票，又能出具纸质版专用发票。

知识拓展

> 发票是指在购销商品、提供或者接受服务以及从事其他经营活动中，开具、收取的收、付款凭证。发票包括纸质发票和电子发票。电子发票与纸质发票具有同等法律效力。国家积极推广使用电子发票。

二、全面数字化的电子发票

（一）全面数字化的电子发票含义

全面数字化的电子发票简称全电发票、数电发票，是指以可信身份认证体系和新型电子发票服务平台为依托，以标签化、要素化、去版式、授信制、赋码制为特征，以全领域、全环节、全要素电子化为运行模式的新型电子发票。全面数字化的电子发票与纸质发票具有同等法律效力，不以纸质形式存在、不用介质支撑、无须申请领用、发票验旧及申请增版增量。全电发票实行全国统一赋码、自动流转交付。

（二）全面数字化的电子发票推广

（1）自2021年12月1日起，国家税务总局在内蒙古自治区、上海市和广东省（不含深圳市）三个地区启动全面数字化的电子发票（以下简称"全电发票"）试点，开始推行全电发票。由全国统一的电子发票服务平台24小时在线免费为纳税人提供全面数字化的电子发票开具、交付和查验等服务。

（2）自2022年8月28日起，除了内蒙古、上海和广东三地，全国其他各地纳税人可以作为受票方，接收三地试点纳税人通过电子发票服务平台开具的全面数字化的电子发票，如图7-7和图7-8所示。

（3）2023年3月，国家税务总局深圳市税务局在深圳市的部分纳税人中开展全面数字化的电子发票试点，使用电子发票服务平台的纳税人为试点纳税人，开具全面数字化的电子发票。

（4）随着全面数字化的电子发票的快速推进，截至2023年9月，全国已有24个省市试点可开具全面数字化的电子发票。按目前公布计划，7～9月已进入全面数字化的电子发票

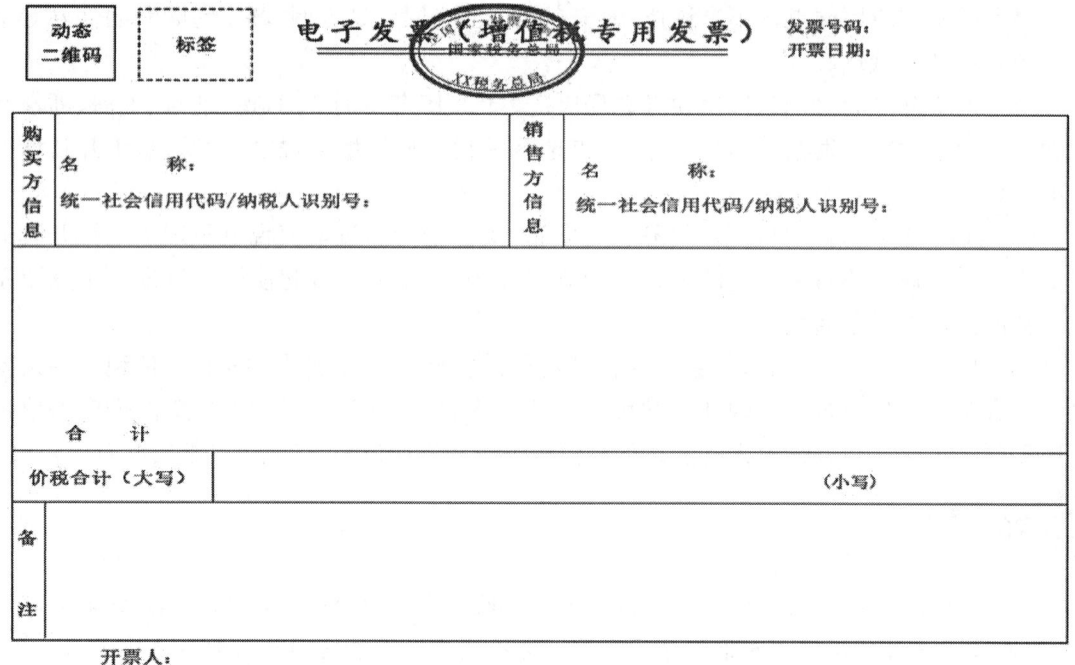

图 7-7　全面数字化的电子专用发票

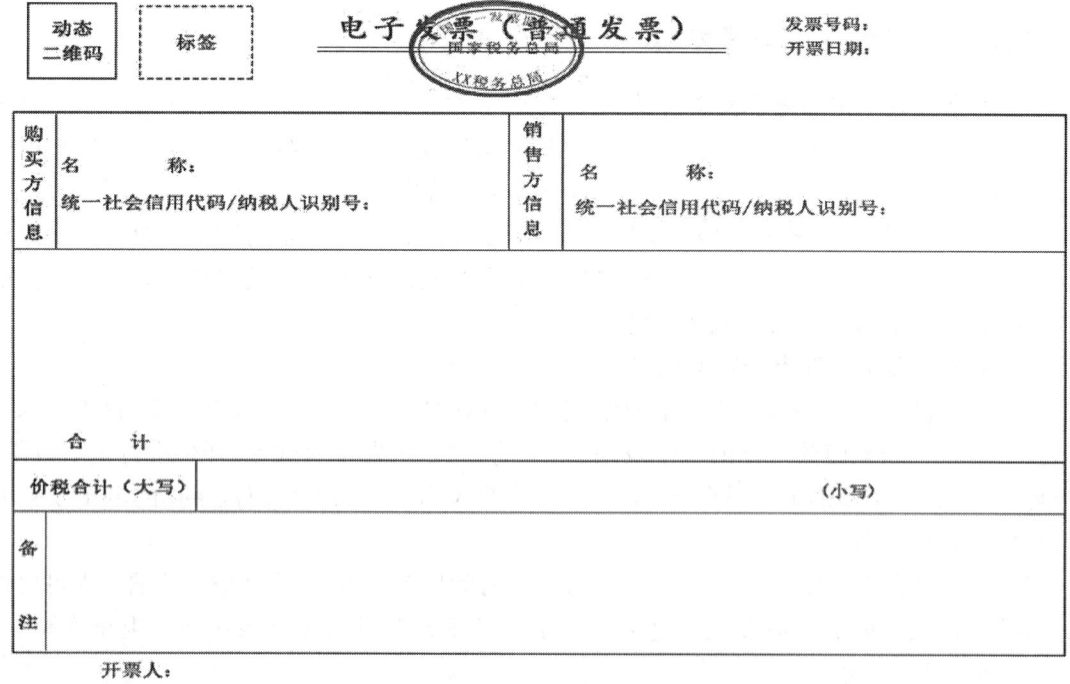

图 7-8　全面数字化的电子普通发票

开具试点城市的迅速扩围期。预计到 9 月底,全国 24 个省市将有 80%～90% 的试点纳税人正式开具全面数字化的电子发票,不再仅仅停留在试用阶段。

（三）全面数字化的电子发票开具流程

1. 登录电子税务局

进入国家税务总局××电子税务局网站，点击顶部"体验新版"，输入纳税人识别号、密码或者微信扫码，登录新版电子税务局。

2. 开具蓝字发票

（1）登录成功后，选择"我要办税/开票业务/蓝字发票开具"，如图 7-9 和图 7-10 所示。

图 7-9　开票业务

图 7-10　蓝字发票开具

（2）点击"立即开票"进入开票功能，如图 7-11 所示。

图 7-11　立即发票

（3）系统弹出发票的种类（电子发票/纸质发票）按钮；开票员选择"电子发票"后，弹出发票票种选择（增值税专用发票/普通发票）。根据实际需要选择、确定后，录入或选择购买方信息、开票项目信息、备注信息（非必录）和经办信息（非必录）后，点击"发票开具"，如图 7-12 至图 7-14 所示。

图 7-12　发票类型选择

图 7-13　购买方和销售方信息

图 7-14　开票信息和备注信息

（4）系统自动进行发票赋码并生成电子发票，显示"开票成功"。电子发票信息自动传递至购买方税务数字账户，也可进行二维码、邮箱交付或下载操作。开具的全面数字化的电子专用发票，如图 7-15 所示。

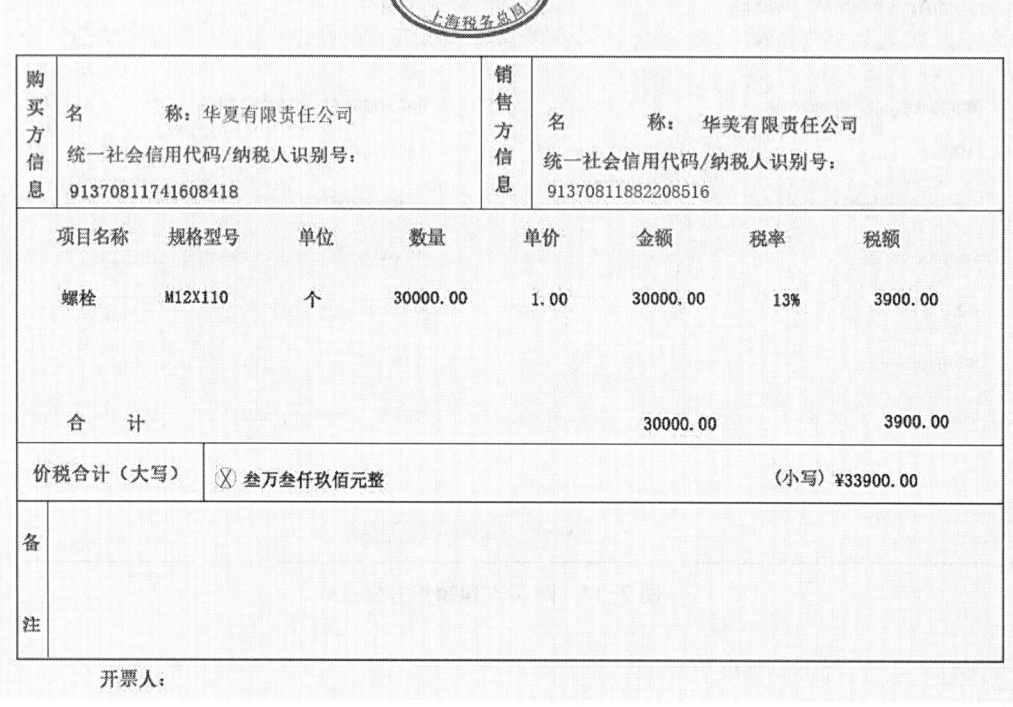

图 7-15 全面数字化的电子专用发票

红字增值税电子专用发票开具的规定

实行增值税专用发票电子化的新办纳税人开具增值税电子专用发票(以下简称"电子专票")后,发生销货退回、开票有误、应税服务中止、销售折让等情形,需要开具红字电子专票的,按照以下规定执行:

(1) 购买方已将电子专票用于申报抵扣的,由购买方在增值税发票管理系统(以下简称"发票管理系统")中填开并上传开具红字增值税专用发票信息表(以下简称"信息表"),填开信息表时不填写相对应的蓝字电子专票信息。购买方未将电子专票用于申报抵扣的,由销售方在发票管理系统中填开并上传信息表,填开信息表时应填写相对应的蓝字电子专票信息。

(2) 税务机关通过网络接收纳税人上传的信息表,系统自动校验通过后,生成带有红字发票信息表编号的信息表,并将信息同步至纳税人端系统中。

(3) 销售方凭税务机关系统校验通过的信息表开具红字电子专票,在发票管理系统中以销项负数开具。红字电子专票应与信息表一一对应。

(4) 购买方已将电子专票用于申报抵扣的,应当暂依信息表所列增值税额从当期进项税额中转出,待取得销售方开具的红字电子专票后,与信息表一并作为记账凭证。

三、电子发票和全面数字化的电子发票的特点

电子发票是一种以电子数据形式存在的发票,分为增值税电子普通发票和增值税电子专用发票两种。在全面数字化的电子发票出现后,习惯上将原电子发票称为纸电发票,而把全面数字化的电子发票称为全电发票或数电发票。

(一) 电子发票和纸质发票的联系与区别

1. 电子发票和纸质发票的联系

(1) 在使用时,电子发票和纸质发票的作用和效力相同。

(2) 在表面和外观上,电子发票和纸质发票并无二致,包括发票代码、开票机构、金额和二维码等信息。

2. 电子发票和纸质发票的区别

(1) 电子发票是由税务机关监制的将增值税纸质普通发票转变为符合税务机关规定格式的电子形式的票据;纸质发票是纸质版票据。

(2) 电子发票只有一联,供收票方和开票方分别下载使用;纸质发票有多联,如增值税纸质专用发票有抵扣联、销货方记账联和购货方发票联等三联。

(3) 电子发票不需要另行盖章,即可生效;纸质发票打印后,需要加盖开票单位的发票专用章,才能生效。

(4) 电子发票开具后,不能作废,应开具红字增值税电子发票冲销;纸质发票有错误,当月作废后,可以重开。跨月的,则需要开具红字增值税专用发票(负数)。

(二) 纸电发票和全电(数电)发票联系和区别

1. 纸电发票和全电(数电)发票的联系

纸电发票和全电(数电)发票是增值税电子发票的两种不同形式,其法律效力、基本用途和基本使用规定等相同。

2. 纸电发票和全电(数电)发票的区别

(1) 发票管理方式不同。对于纸电发票,纳税人开业后,需要先申领专用税控设备,并进行最高开票限额审批、票种核定,发票数量和票面限额管理同纸质发票一样,纳税人需要依据申请才能对发票增版增量,是纸质发票管理模式下的电子化。对于全电发票,纳税人开业后,无需申领专用税控设备和进行票种核定,信息系统自动赋予开具额度,并根据纳税人行为动态调整发票额度,按照全新管理流程,实现开业即可开票。

(2) 发票交付手段不同。纸电发票开具后,需要通过发票版式文件进行交付。开票方将发票版式文件通过邮件、短信等方式交付给受票方;受票方人工下载、打印后,仍需对发票的版式文件进行归集、整理和入账等操作。全电发票开具后,发票数据文件自动发送至开票方和受票方的税务数字账户,便利交付入账,减少人工收发。同时,依托税务数字账户,纳税人可对全部发票数据进行自动归集,发票数据使用更高效、便捷。

(3) 发票生态不同。对于纸电发票,税务部门的管理手段主要是通过专用税控设备"控票",发票平台功能较为单一,发票开具、交付、勾选和查验等平台互相独立。全电发票推行后,从"控票"向"控事"转变,平台功能从单一向开放生态体系转变,纳税人可享受"一站式"服务,全电发票的开具、交付、勾选和查验等应用深度融合。税务机关制定发布相关标准,并向社会公众公开,不同行业、不同规模的企业可以免费对接税务信息系统,纳税人不再租用第三方平台。

任务三　网络报税技能

知识课堂

一、网络报税的含义

网络报税又称远程报税系统,是指以增值税防伪税控系统软件为基础,由企业用户使用开票金税卡或USB远程报税器自行完成抄、报税操作,并将报税数据通过网络传输到税务机关;由税务机关完成解密、比对工作,企业用户再取得报税处理的结果信息,并进行清卡操作,完成报税。

远程报税系统包括企业端和税务端两个部分。远程报税系统企业端,首先,需要一台能够接入互联网的电子计算机;其次,这台电子计算机必须安装好USB远程报税器或开票金税卡;最后,这台电子计算机还需要安装远程报税企业端软件。远程报税系统税务端包括位于外网的公网服务器、税务局内网的报税服务器及报税工作站。

知识拓展

> 抄税主要是指防伪税控企业开票人员,运用开票子系统的抄税功能,将本开票会计区间内开具的所有增值税专用发票的数据从金税卡内读入税控IC卡的过程。抄税工作分为写IC卡和打印销项报表两个部分。月末终了,根据当地税务机关规定的抄税时限(一般是次月的1~5日)完成抄税处理。

二、现行申报缴纳税款的方式

(一) 直接申报

直接申报是指纳税人、扣缴义务人自行到税务机关办理纳税申报或者报送代扣代缴、代收代缴税款报告表的一种申报方式。

(二) 邮寄申报

邮寄申报是指经税务机关批准,纳税人、扣缴义务人使用统一的纳税申报专用信封,通过邮政部门办理交寄手续,并以邮政部门收据作为申报凭据的一种申报方式。

(三) 数据电文申报

数据电文申报是指经税务机关批准,纳税人、扣缴义务人通过税务机关确定的电话语音、电子数据交换和网络传输等电子方式办理的纳税申报。目前网上申报是数据电文申报方式的一种主要形式。

1. 网上申报的基本条件

(1) 财务会计制度健全、会计核算规范。

(2) 在税务机关指定的联网银行开立税款解缴专用账户。

(3) 具备上网条件。

(4) 经主管税务机关批准。

2. 网上申报日期确认

网上申报日期以电子申报纳税系统收到申报数据的时间为实际申报日期。

(四) 简易申报

简易申报是指实行定期定额的纳税人,通过以缴纳税款凭证代替申报或简并征期的一种申报方式。

(五) 银行网点申报

银行网点申报是指纳税人在申报征收期内到主管税务机关指定的银行网点办理纳税申报的方式。

(六) 委托银行扣缴税款

委托银行扣缴税款是指实行定期定额征收的纳税人或实行网上申报的纳税人与主管税务机关指定的联网银行签订委托代扣税款协议,联网银行按照主管税务机关指定的时间,根据申报纳税系统提供的税款征收信息自动从其缴税专户中扣缴税款,完成纳税申报的方式。

三、税收电子缴库的基本操作

(一) 税收电子缴库概述

税收电子缴库是指财政部门、税务机关、国库和商业银行(含信用社,下同)利用信息网络技术,通过电子网络系统办理税收收入征缴入库等业务,税款直接缴入国库,实现税款征缴信息共享的缴库模式。税收收入实行电子缴库后,纳税人可通过互联网、电话、网上银行等方式办理纳税申报,税务机关通过系统自动审核后,生成电子应税信息并通过系统发送给纳税人开户银行。根据电子指令,税款将直接从纳税人开户银行实时划缴国库。与传统缴税方式相比,税收收入电子缴库的最大特点就是以电子化和自动化取代手工作业,以网络化和集成化取代手工业务处理的分散性和无序性。

(二) 纳税人的操作步骤

1. 网上申报

(1) 登录国家税务总局××省电子税务局。输入纳税人识别号和密码登录,选择"我要办税—纳税申报与缴纳",登录电子税务局,如图7-16和图7-17所示。

图7-16 登录电子税务局

图 7-17 我要办税

（2）选择"我要办税—税费申报及缴纳"，如图 7-18 所示。在"申报清册"中选择"增值税及附加费申报"。

图 7-18 税费申报及缴纳

（3）填写申报表。点击"增值税及附加税申报"右边"办理"按钮，显示"增值税及附加税费申报表（一般纳税人适用）"，如图 7-19 所示。纳税人在线填写"增值税及附加税费申报表附列资料（一）本期销售情况明细""增值税及附加税费申报表附列资料（二）本期进项税额明细""增值税及附加税费申报表附列资料（五）附加税费情况表"和"增值税减免税明细表"等。

图 7-19　报表列表

（4）申报。纳税人填写完成纳税申报表及附表,检查无误后点击工具栏"申报"按钮进行纳税申报。系统对数据进行比对,无误后显示"申报成功"。数据若有错误,系统提示进行修改。

（5）缴纳税款。纳税人提交申报表后,系统会自动计算出企业需要缴纳的税款。单击"缴款"按钮,系统提示选择缴款方式,如三方协议缴款、微信、支付宝和数字人民币等。选择缴款方式后,系统提示"立即缴款"和"关闭本页"按钮。选择"立即缴款",系统根据用户选择的缴款方式自动扣款。扣款后,系统显示"缴款成功",完成网上申报业务。如果纳税人不选择"立即缴款"按钮,则应单击"关闭本页"按钮,退出网上申报系统。

2. 清理欠税

纳税人持税源管理中心、稽查局开具的清理欠税通知书到办税服务中心要求缴纳欠税,由办税服务中心进行受理和录入,无需取得税收通用缴款书(税票)。纳税人在到办税服务中心办理的当日,必须保证自己的缴税账户余额不少于应清理的欠税金额和应加收的滞纳金之和。

3. 查补税款

纳税人收到稽查局、税源管理中心的税务处理决定书并填写送达回证即可。纳税人在送达回证的当日,必须保证自己的缴税账户余额不少于应补税款和应加收的滞纳金之和。

4. 滞纳金

纳税人有未按规定期限缴纳税款情形的,依法需缴纳滞纳金,无需到国税局办理任何手续。纳税人在实际缴纳滞纳税款的当日必须保证自己的缴税账户余额不少于应纳滞纳金。

5. 大户预缴税款、延期申报预缴税款

纳税人需持预缴税款通知书或延期申报申请审批表到办税服务中心,由办税服务中心受理和录入。纳税人在到办税服务中心办理的当日,必须保证自己的缴税账户余额不少于应预缴的税款。

6. 稽查补税预缴税款

纳税人需持稽查补税开票通知书到办税服务中心,由办税服务中心受理和录入。纳税人在到办税服务中心办理的当日,必须保证自己的缴税账户余额不少于应预缴的税款。

7. 预提所得税

纳税人需持扣缴外国企业所得税申报表到办税服务中心,由办税服务中心受理和录入。纳税人在到办税服务中心办理的当日,必须保证自己的缴税账户余额不少于应纳税款。

8. 缓缴税款

为保证税款的及时、准确入库,纳税人应在批准的缓缴期限到期前1日持延期缴纳税款申请审批表到办税服务中心办理有关手续。纳税人在批准缓缴期限届满之日,必须保证自己的缴税账户余额不少于应纳税款。

企业变更、注销或转户时,企业未使用完的税控发票能否通过防伪税控开票子系统进行作废处理?

课后练习

1. 增值税防伪税控系统包括哪些子系统?各系统的功能是什么?
2. 简述增值税防伪税控开票子系统基本操作流程。
3. 对比纸电发票和全电发票的异同。
4. 利用会计信息化软件模拟企业开具增值税专用发票和普通发票。
5. 利用会计信息化软件模拟企业进行增值税及附加税的网上申报。

附　　录

附录一　《中华人民共和国发票管理办法》

中华人民共和国发票管理办法

（1993年12月12日国务院批准，1993年12月23日财政部令第6号发布。根据2010年12月20日《国务院关于修改〈中华人民共和国发票管理办法〉的决定》第一次修订。根据2019年3月2日《国务院关于修改部分行政法规的决定》第二次修订。根据2023年7月20日《国务院关于修改和废止部分行政法规的决定》第三次修订）

第一章　总　　则

第一条　为了加强发票管理和财务监督，保障国家税收收入，维护经济秩序，根据《中华人民共和国税收征收管理法》，制定本办法。

第二条　在中华人民共和国境内印制、领用、开具、取得、保管、缴销发票的单位和个人（以下称印制、使用发票的单位和个人），必须遵守本办法。

第三条　本办法所称发票，是指在购销商品、提供或者接受服务以及从事其他经营活动中，开具、收取的收付款凭证。

发票包括纸质发票和电子发票。电子发票与纸质发票具有同等法律效力。国家积极推广使用电子发票。

第四条　发票管理工作应当坚持和加强党的领导，为经济社会发展服务。

国务院税务主管部门统一负责全国的发票管理工作。省、自治区、直辖市税务机关依据职责做好本行政区域内的发票管理工作。

财政、审计、市场监督管理、公安等有关部门在各自的职责范围内，配合税务机关做好发票管理工作。

第五条　发票的种类、联次、内容、编码规则、数据标准、使用范围等具体管理办法由国务院税务主管部门规定。

第六条　对违反发票管理法规的行为，任何单位和个人可以举报。税务机关应当为检举人保密，并酌情给予奖励。

第二章　发票的印制

第七条　增值税专用发票由国务院税务主管部门确定的企业印制；其他发票，按照国务院税务主管部门的规定,由省、自治区、直辖市税务机关确定的企业印制。禁止私自印制、伪造、变造发票。

第八条 印制发票的企业应当具备下列条件:
(一)取得印刷经营许可证和营业执照;
(二)设备、技术水平能够满足印制发票的需要;
(三)有健全的财务制度和严格的质量监督、安全管理、保密制度。
税务机关应当按照政府采购有关规定确定印制发票的企业。

第九条 印制发票应当使用国务院税务主管部门确定的全国统一的发票防伪专用品。禁止非法制造发票防伪专用品。

第十条 发票应当套印全国统一发票监制章。全国统一发票监制章的式样和发票版面印刷的要求,由国务院税务主管部门规定。发票监制章由省、自治区、直辖市税务机关制作。禁止伪造发票监制章。
发票实行不定期换版制度。

第十一条 印制发票的企业按照税务机关的统一规定,建立发票印制管理制度和保管措施。
发票监制章和发票防伪专用品的使用和管理实行专人负责制度。

第十二条 印制发票的企业必须按照税务机关确定的式样和数量印制发票。

第十三条 发票应当使用中文印制。民族自治地方的发票,可以加印当地一种通用的民族文字。有实际需要的,也可以同时使用中外两种文字印制。

第十四条 各省、自治区、直辖市内的单位和个人使用的发票,除增值税专用发票外,应当在本省、自治区、直辖市内印制;确有必要到外省、自治区、直辖市印制的,应当由省、自治区、直辖市税务机关商印制地省、自治区、直辖市税务机关同意后确定印制发票的企业。
禁止在境外印制发票。

第三章　发票的领用

第十五条 需要领用发票的单位和个人,应当持设立登记证件或者税务登记证件,以及经办人身份证明,向主管税务机关办理发票领用手续。领用纸质发票的,还应当提供按照国务院税务主管部门规定式样制作的发票专用章的印模。主管税务机关根据领用单位和个人的经营范围、规模和风险等级,在5个工作日内确认领用发票的种类、数量以及领用方式。
单位和个人领用发票时,应当按照税务机关的规定报告发票使用情况,税务机关应当按照规定进行查验。

第十六条 需要临时使用发票的单位和个人,可以凭购销商品、提供或者接受服务以及从事其他经营活动的书面证明、经办人身份证明,直接向经营地税务机关申请代开发票。依照税收法律、行政法规规定应当缴纳税款的,税务机关应当先征收税款,再开具发票。税务机关根据发票管理的需要,可以按照国务院税务主管部门的规定委托其他单位代开发票。
禁止非法代开发票。

第十七条 临时到本省、自治区、直辖市以外从事经营活动的单位或者个人,应当凭所在地税务机关的证明,向经营地税务机关领用经营地的发票。

临时在本省、自治区、直辖市以内跨市、县从事经营活动领用发票的办法,由省、自治区、直辖市税务机关规定。

第四章 发票的开具和保管

第十八条 销售商品、提供服务以及从事其他经营活动的单位和个人,对外发生经营业务收取款项,收款方应当向付款方开具发票;特殊情况下,由付款方向收款方开具发票。

第十九条 所有单位和从事生产、经营活动的个人在购买商品、接受服务以及从事其他经营活动支付款项,应当向收款方取得发票。取得发票时,不得要求变更品名和金额。

第二十条 不符合规定的发票,不得作为财务报销凭证,任何单位和个人有权拒收。

第二十一条 开具发票应当按照规定的时限、顺序、栏目,全部联次一次性如实开具,开具纸质发票应当加盖发票专用章。

任何单位和个人不得有下列虚开发票行为:

(一)为他人、为自己开具与实际经营业务情况不符的发票;

(二)让他人为自己开具与实际经营业务情况不符的发票;

(三)介绍他人开具与实际经营业务情况不符的发票。

第二十二条 安装税控装置的单位和个人,应当按照规定使用税控装置开具发票,并按期向主管税务机关报送开具发票的数据。

使用非税控电子器具开具发票的,应当将非税控电子器具使用的软件程序说明资料报主管税务机关备案,并按照规定保存、报送开具发票的数据。

单位和个人开发电子发票信息系统自用或者为他人提供电子发票服务的,应当遵守国务院税务主管部门的规定。

第二十三条 任何单位和个人应当按照发票管理规定使用发票,不得有下列行为:

(一)转借、转让、介绍他人转让发票、发票监制章和发票防伪专用品;

(二)知道或者应当知道是私自印制、伪造、变造、非法取得或者废止的发票而受让、开具、存放、携带、邮寄、运输;

(三)拆本使用发票;

(四)扩大发票使用范围;

(五)以其他凭证代替发票使用;

(六)窃取、截留、篡改、出售、泄露发票数据。

税务机关应当提供查询发票真伪的便捷渠道。

第二十四条 除国务院税务主管部门规定的特殊情形外,纸质发票限于领用单位和个人在本省、自治区、直辖市内开具。

省、自治区、直辖市税务机关可以规定跨市、县开具纸质发票的办法。

第二十五条 除国务院税务主管部门规定的特殊情形外,任何单位和个人不得跨规定的使用区域携带、邮寄、运输空白发票。

禁止携带、邮寄或者运输空白发票出入境。

第二十六条 开具发票的单位和个人应当建立发票使用登记制度,配合税务机关进行身份验证,并定期向主管税务机关报告发票使用情况。

第二十七条 开具发票的单位和个人应当在办理变更或者注销税务登记的同时,办理发票的变更、缴销手续。

第二十八条 开具发票的单位和个人应当按照国家有关规定存放和保管发票,不得擅自损毁。已经开具的发票存根联,应当保存5年。

第五章 发票的检查

第二十九条 税务机关在发票管理中有权进行下列检查:
(一)检查印制、领用、开具、取得、保管和缴销发票的情况;
(二)调出发票查验;
(三)查阅、复制与发票有关的凭证、资料;
(四)向当事各方询问与发票有关的问题和情况;
(五)在查处发票案件时,对与案件有关的情况和资料,可以记录、录音、录像、照像和复制。

第三十条 印制、使用发票的单位和个人,必须接受税务机关依法检查,如实反映情况,提供有关资料,不得拒绝、隐瞒。

税务人员进行检查时,应当出示税务检查证。

第三十一条 税务机关需要将已开具的发票调出查验时,应当向被查验的单位和个人开具发票换票证。发票换票证与所调出查验的发票有同等的效力。被调出查验发票的单位和个人不得拒绝接受。

税务机关需要将空白发票调出查验时,应当开具收据;经查无问题的,应当及时返还。

第三十二条 单位和个人从中国境外取得的与纳税有关的发票或者凭证,税务机关在纳税审查时有疑义的,可以要求其提供境外公证机构或者注册会计师的确认证明,经税务机关审核认可后,方可作为记账核算的凭证。

第六章 罚 则

第三十三条 违反本办法的规定,有下列情形之一的,由税务机关责令改正,可以处1万元以下的罚款;有违法所得的予以没收:
(一)应当开具而未开具发票,或者未按照规定的时限、顺序、栏目,全部联次一次性开具发票,或者未加盖发票专用章的;
(二)使用税控装置开具发票,未按期向主管税务机关报送开具发票的数据的;
(三)使用非税控电子器具开具发票,未将非税控电子器具使用的软件程序说明资料报主管税务机关备案,或者未按照规定保存、报送开具发票的数据的;
(四)拆本使用发票的;
(五)扩大发票使用范围的;
(六)以其他凭证代替发票使用的;
(七)跨规定区域开具发票的;

（八）未按照规定缴销发票的；

（九）未按照规定存放和保管发票的。

第三十四条 跨规定的使用区域携带、邮寄、运输空白发票，以及携带、邮寄或者运输空白发票出入境的，由税务机关责令改正，可以处1万元以下的罚款；情节严重的，处1万元以上3万元以下的罚款；有违法所得的予以没收。

丢失发票或者擅自损毁发票的，依照前款规定处罚。

第三十五条 违反本办法的规定虚开发票的，由税务机关没收违法所得；虚开金额在1万元以下的，可以并处5万元以下的罚款；虚开金额超过1万元的，并处5万元以上50万元以下的罚款；构成犯罪的，依法追究刑事责任。

非法代开发票的，依照前款规定处罚。

第三十六条 私自印制、伪造、变造发票，非法制造发票防伪专用品，伪造发票监制章，窃取、截留、篡改、出售、泄露发票数据的，由税务机关没收违法所得，没收、销毁作案工具和非法物品，并处1万元以上5万元以下的罚款；情节严重的，并处5万元以上50万元以下的罚款；构成犯罪的，依法追究刑事责任。

前款规定的处罚，《中华人民共和国税收征收管理法》有规定的，依照其规定执行。

第三十七条 有下列情形之一的，由税务机关处1万元以上5万元以下的罚款；情节严重的，处5万元以上50万元以下的罚款；有违法所得的予以没收：

（一）转借、转让、介绍他人转让发票、发票监制章和发票防伪专用品的；

（二）知道或者应当知道是私自印制、伪造、变造、非法取得或者废止的发票而受让、开具、存放、携带、邮寄、运输的。

第三十八条 对违反发票管理规定2次以上或者情节严重的单位和个人，税务机关可以向社会公告。

第三十九条 违反发票管理法规，导致其他单位或者个人未缴、少缴或者骗取税款的，由税务机关没收违法所得，可以并处未缴、少缴或者骗取的税款1倍以下的罚款。

第四十条 当事人对税务机关的处罚决定不服的，可以依法申请行政复议或者向人民法院提起行政诉讼。

第四十一条 税务人员利用职权之便，故意刁难印制、使用发票的单位和个人，或者有违反发票管理法规行为的，依照国家有关规定给予处分；构成犯罪的，依法追究刑事责任。

第七章 附 则

第四十二条 国务院税务主管部门可以根据有关行业特殊的经营方式和业务需求，会同国务院有关主管部门制定该行业的发票管理办法。

国务院税务主管部门可以根据增值税专用发票管理的特殊需要，制定增值税专用发票的具体管理办法。

第四十三条 本办法自发布之日起施行。财政部1986年发布的《全国发票管理暂行办法》和原国家税务局1991年发布的《关于对外商投资企业和外国企业发票管理的暂行规定》同时废止。

附录二 《会计基础工作规范》摘录

会计基础工作规范

（1996年6月17日财会字〔1996〕19号公布，根据2019年3月14日《财政部关于修改〈代理记账管理办法〉等2部部门规章的决定》修改）

第二节 填制会计凭证

第四十七条 各单位办理本规范第三十七条规定的事项，必须取得或者填制原始凭证，并及时送交会计机构。

第四十八条 原始凭证的基本要求是：

（一）原始凭证的内容必须具备：凭证的名称；填制凭证的日期；填制凭证单位名称或者填制人姓名；经办人员的签名或者盖章；接受凭证单位名称；经济业务内容；数量、单价和金额。

（二）从外单位取得的原始凭证，必须盖有填制单位的公章；从个人取得的原始凭证，必须有填制人员的签名或者盖章。自制原始凭证必须有经办单位领导人或者其指定的人员签名或者盖章。对外开出的原始凭证，必须加盖本单位公章。

（三）凡填有大写和小写金额的原始凭证，大写与小写金额必须相符。购买实物的原始凭证，必须有验收证明。支付款项的原始凭证，必须有收款单位和收款人的收款证明。

（四）一式几联的原始凭证，应当注明各联的用途，只能以一联作为报销凭证。一式几联的发票和收据，必须用双面复写纸（发票和收据本身具备复写纸功能的除外）套写，并连续编号。作废时应当加盖"作废"戳记，连同存根一起保存，不得撕毁。

（五）发生销货退回的，除填制退货发票外，还必须有退货验收证明；退款时，必须取得对方的收款收据或者汇款银行的凭证，不得以退货发票代替收据。

（六）职工公出借款凭据，必须附在记账凭证之后。收回借款时，应当另开收据或者退还借据副本，不得退还原借款收据。

（七）经上级有关部门批准的经济业务，应当将批准文件作为原始凭证附件。如果批准文件需要单独归档的，应当在凭证上注明批准机关名称、日期和文件字号。

第四十九条 原始凭证不得涂改、挖补。发现原始凭证有错误的，应当由开出单位重开或者更正，更正处应当加盖开出单位的公章。

第五十条 会计机构、会计人员要根据审核无误的原始凭证填制记账凭证。记账凭证可以分为收款凭证、付款凭证和转账凭证，也可以使用通用记账凭证。

第五十一条 记账凭证的基本要求是：

记账凭证的内容必须具备：填制凭证的日期；凭证编号；经济业务摘要；会计科目；金额；所附原始凭证张数；填制凭证人员、稽核人员、记账人员、会计机构负责人、会计主管人员签名或者盖章。收款和付款记账凭证还应当由出纳人员签名或者盖章。以自制的原始凭证或者原始凭证汇总表代替记账凭证的，也必须具备记账凭证应有的项目。

（二）填制记账凭证时,应当对记账凭证进行连续编号。一笔经济业务需要填制两张以上记账凭证的,可以采用分数编号法编号。

（三）记账凭证可以根据每一张原始凭证填制,或者根据若干张同类原始凭证汇总填制,也可以根据原始凭证汇总表填制。但不得将不同内容和类别的原始凭证汇总填制在一张记账凭证上。

（四）除结账和更正错误的记账凭证可以不附原始凭证外,其他记账凭证必须附有原始凭证。如果一张原始凭证涉及几张记账凭证,可以把原始凭证附在一张主要的记账凭证后面,并在其他记账凭证上注明附有该原始凭证的记账凭证的编号或者附原始凭证复印件。一张原始凭证所列支出需要几个单位共同负担的,应当将其他单位负担的部分,开给对方原始凭证分割单,进行结算。原始凭证分割单必须具备原始凭证的基本内容:凭证名称、填制凭证日期、填制凭证单位名称或者填制人姓名、经办人的签名或者盖章、接受凭证单位名称、经济业务内容、数量、单价、金额和费用分摊情况等。

（五）如果在填制记账凭证时发生错误,应当重新填制。已经登记入账的记账凭证,在当年内发现填写错误时,可以用红字填写一张与原内容相同的记账凭证,在摘要栏注明"注销某月某日某号凭证"字样,同时再用蓝字重新填制一张正确的记账凭证,注明"订正某月某日某号凭证"字样。如果会计科目没有错误,只是金额错误,也可以将正确数字与错误数字之间的差额,另编一张调整的记账凭证,调增金额用蓝字,调减金额用红字。发现以前年度记账凭证有错误的,应当用蓝字填制一张更正的记账凭证。

（六）记账凭证填制完经济业务事项后,如有空行,应当自金额栏最后一笔金额数字下的空行处至合计数上的空行处划线注销。

第五十二条 填制会计凭证,字迹必须清晰、工整,并符合下列要求：

（一）阿拉伯数字应当一个一个地写,不得连笔写。阿拉伯金额数字前面应当书写货币币种符号或者货币名称简写和币种符号。币种符号与阿拉伯金额数字之间不得留有空白。凡阿拉伯数字前写有币种符号的,数字后面不再写货币单位。

（二）所有以元为单位(其他货币种类为货币基本单位,下同)的阿拉伯数字,除表示单价等情况外,一律填写到角分；无角分的,角位和分位可写"00",或者符号"—"；有角无分的,分位应当写"0",不得用符号"—"代替。

（三）汉字大写数字金额如零、壹、贰、叁、肆、伍、陆、柒、捌、玖、拾、佰、仟、万、亿等,一律用正楷或者行书体书写,不得用0、一、二、三、四、五、六、七、八、九、十等简化字代替,不得任意自造简化字。大写金额数字到元或者角为止的,在"元"或者"角"字之后应当写"整"字或者"正"字；大写金额数字有分的,分字后面不写"整"或者"正"字。

（四）大写金额数字前未印有货币名称的,应当加填货币名称,货币名称与金额数字之间不得留有空白。

（五）阿拉伯金额数字中间有"0"时,汉字大写金额要写"零"字；阿拉伯数字金额中间连续有几个"0"时,汉字大写金额中可以只写一个"零"字；阿拉伯金额数字元位是"0",或者数字中间连续有几个"0"、元位也是"0"但角位不是"0"时,汉字大写金额可以只写一个"零"字,也可以不写"零"字。

第五十三条 实行会计电算化的单位,对于机制记账凭证,要认真审核,做到会计科目使用正确,数字准确无误。打印出的机制记账凭证要加盖制单人员、审核人员、记账人员及会计机构负责人、会计主管人员印章或者签字。

第五十四条 各单位会计凭证的传递程序应当科学、合理,具体办法由各单位根据会计业务需要自行规定。

第五十五条 会计机构、会计人员要妥善保管会计凭证。

(一)会计凭证应当及时传递,不得积压。

(二)会计凭证登记完毕后,应当按照分类和编号顺序保管,不得散乱丢失。

(三)记账凭证应当连同所附的原始凭证或者原始凭证汇总表,按照编号顺序,折叠整齐,按期装订成册,并加具封面,注明单位名称、年度、月份和起讫日期、凭证种类、起讫号码,由装订人在装订线封签外签名或者盖章。对于数量过多的原始凭证,可以单独装订保管,在封面上注明记账凭证日期、编号、种类,同时在记账凭证上注明"附件另订"和原始凭证名称及编号。各种经济合同、存出保证金收据以及涉外文件等重要原始凭证,应当另编目录,单独登记保管,并在有关的记账凭证和原始凭证上相互注明日期和编号。

(四)原始凭证不得外借,其他单位如因特殊原因需要使用原始凭证时,经本单位会计机构负责人、会计主管人员批准,可以复制。向外单位提供的原始凭证复制件,应当在专设的登记簿上登记,并由提供人员和收取人员共同签名或者盖章。

(五)从外单位取得的原始凭证如有遗失,应当取得原开出单位盖有公章的证明,并注明原来凭证的号码、金额和内容等,由经办单位会计机构负责人、会计主管人员和单位领导人批准后,才能代作原始凭证。如果确实无法取得证明的,如火车、轮船、飞机票等凭证,由当事人写出详细情况,由经办单位会计机构负责人、会计主管人员和单位领导人批准后,代作原始凭证。

第三节 登记会计账簿

第五十六条 各单位应当按照国家统一会计制度的规定和会计业务的需要设置会计账簿。会计账簿包括总账、明细账、日记账和其他辅助性账簿。

第五十七条 现金日记账和银行存款日记账必须采用订本式账簿。不得用银行对账单或者其他方法代替日记账。

第五十八条 实行会计电算化的单位,用计算机打印的会计账簿必须连续编号,经审核无误后装订成册,并由记账人员和会计机构负责人、会计主管人员签字或者盖章。

第五十九条 启用会计账簿时,应当在账簿封面上写明单位名称和账簿名称。在账簿扉页上应当附启用表,内容包括:启用日期、账簿页数、记账人员和会计机构负责人、会计主管人员姓名,并加盖名章和单位公章。记账人员或者会计机构负责人、会计主管人员调动工作时,应当注明交接日期、接办人员或者监交人员姓名,并由交接双方人员签名或者盖章。启用订本式账簿,应当从第一页到最后一页顺序编定页数,不得跳页、缺号。使用活页式账页,应当按账户顺序编号,并须定期装订成册。装订后再按实际使用的账页顺序编定页码。另加目录,记明每个账户的名称和页次。

第六十条 会计人员应当根据审核无误的会计凭证登记会计账簿。登记账簿的基本要求是:

(一)登记会计账簿时,应当将会计凭证日期、编号、业务内容摘要、金额和其他有关资料逐项记入账内,做到数字准确、摘要清楚、登记及时、字迹工整。

(二)登记完毕后,要在记账凭证上签名或者盖章,并注明已经登账的符号,表示已经记账。

(三)账簿中书写的文字和数字上面要留有适当空格,不要写满格;一般应占格距的二分之一。

(四)登记账簿要用蓝黑墨水或者碳素墨水书写,不得使用圆珠笔(银行的复写账簿除外)或者铅笔书写。

(五)下列情况,可以用红色墨水记账:

1. 按照红字冲账的记账凭证,冲销错误记录;
2. 在不设借贷等栏的多栏式账页中,登记减少数;
3. 在三栏式账户的余额栏前,如未印明余额方向的,在余额栏内登记负数余额;
4. 根据国家统一会计制度的规定可以用红字登记的其他会计记录。

(六)各种账簿按页次顺序连续登记,不得跳行、隔页。如果发生跳行、隔页,应当将空行、空页划线注销,或者注明"此行空白"、"此页空白"字样,并由记账人员签名或者盖章。

(七)凡需要结出余额的账户,结出余额后,应当在"借或贷"等栏内写明"借"或者"贷"等字样。没有余额的账户,应当在"借或贷"等栏内写"平"字,并在余额栏内用"θ"表示。现金日记账和银行存款日记账必须逐日结出余额。

(八)每一账页登记完毕结转下页时,应当结出本页合计数及余额,写在本页最后一行和下页第一行有关栏内,并在摘要栏内注明"过次页"和"承前页"字样;也可以将本页合计数及金额只写在下页第一行有关栏内,并在摘要栏内注明"承前页"字样。对需要结计本月发生额的账户,结计"过次页"的本页合计数应当为自本月初起至本页末止的发生额合计数;对需要结计本年累计发生额的账户,结计"过次页"的本页合计数应当为自年初起至本页末止的累计数;对既不需要结计本月发生额也不需要结计本年累计发生额的账户,可以只将每页末的余额结转次页。

第六十一条 账簿记录发生错误,不准涂改、挖补、刮擦或者用药水消除字迹,不准重新抄写,必须按照下列方法进行更正:

(一)登记账簿时发生错误,应当将错误的文字或者数字划红线注销,但必须使原有字迹仍可辨认;然后在划线上方填写正确的文字或者数字,并由记账人员在更正处盖章。对于错误的数字,应当全部划红线更正,不得只更正其中的错误数字。对于文字错误,可只划去错误的部分。

(二)由于记账凭证错误而使账簿记录发生错误,应当按更正的记账凭证登记账簿。

第六十二条 各单位应当定期对会计账簿记录的有关数字与库存实物、货币资金、有价证券、往来单位或者个人等进行相互核对,保证账证相符、账账相符、账实相符。对账工作每年至少进行一次。

(一)账证核对。核对会计账簿记录与原始凭证、记账凭证的时间、凭证字号、内容、金额是否一致,记账方向是否相符。

(二)账账核对。核对不同会计账簿之间的账簿记录是否相符,包括:总账有关账户的余额核对,总账与明细账核对,总账与日记账核对,会计部门的财产物资明细账与财产物资保管和使用部门的有关明细账核对等。

（三）账实核对。核对会计账簿记录与财产等实有数额是否相符。包括：现金日记账账面余额与现金实际库存数相核对；银行存款日记账账面余额定期与银行对账单相核对；各种财物明细账账面余额与财物实存数额相核对；各种应收、应付款明细账账面余额与有关债务、债权单位或者个人核对等。

第六十三条 各单位应当按照规定定期结账。

（一）结账前，必须将本期内所发生的各项经济业务全部登记入账。

（二）结账时，应当结出每个账户的期末余额。需要结出当月发生额的，应当在摘要栏内注明"本月合计"字样，并在下面通栏划单红线。需要结出本年累计发生额的，应当在摘要栏内注明"本年累计"字样，并在下面通栏划单红线；12月末的"本年累计"就是全年累计发生额。全年累计发生额下面应当通栏划双红线。年度终了结账时，所有总账账户都应当结出全年发生额和年末余额。

（三）年度终了，要把各账户的余额结转到下一会计年度，并在摘要栏注明"结转下年"字样；在下一会计年度新建有关会计账簿的第一行余额栏内填写上年结转的余额，并在摘要栏注明"上年结转"字样。

第四节 编制财务报告

第六十四条 各单位必须按照国家统一会计制度的规定，定期编制财务报告。财务报告包括会计报表及其说明。会计报表包括会计报表主表、会计报表附表、会计报表附注。

第六十五条 各单位对外报送的财务报告应当根据国家统一会计制度规定的格式和要求编制。单位内部使用的财务报告，其格式和要求由各单位自行规定。

第六十六条 会计报表应当根据登记完整、核对无误的会计账簿记录和其他有关资料编制，做到数字真实、计算准确、内容完整、说明清楚。任何人不得篡改或者授意、指使、强令他人篡改会计报表的有关数字。

第六十七条 会计报表之间、会计报表各项目之间，凡有对应关系的数字，应当相互一致。本期会计报表与上期会计报表之间有关的数字应当相互衔接。如果不同会计年度会计报表中各项目的内容和核算方法有变更的，应当在年度会计报表中加以说明。

第六十八条 各单位应当按照国家统一会计制度的规定认真编写会计报表附注及其说明，做到项目齐全，内容完整。

第六十九条 各单位应当按照国家规定的期限对外报送财务报告。对外报送的财务报告，应当依次编写页码，加具封面，装订成册，加盖公章。封面上应当注明：单位名称，单位地址，财务报告所属年度、季度、月度，送出日期，并由单位领导人、总会计师、会计机构负责人、会计主管人员签名或者盖章。单位领导人对财务报告的合法性、真实性负法律责任。

第七十条 根据法律和国家有关规定应当对财务报告进行审计的，财务报告编制单位应当先行委托注册会计师进行审计，并将注册会计师出具的审计报告随同财务报告按照规定的期限报送有关部门。

第七十一条 如果发现对外报送的财务报告有错误，应当及时办理更正手续。除更正本单位留存的财务报告外，并应同时通知接受财务报告的单位更正。错误较多的，应当重新编报。

附录三 《会计人员职业道德规范》

会计人员职业道德规范

财会〔2023〕1号

一、坚持诚信,守法奉公。牢固树立诚信理念,以诚立身、以信立业,严于律己、心存敬畏。学法知法守法,公私分明、克己奉公,树立良好职业形象,维护会计行业声誉。

二、坚持准则,守责敬业。严格执行准则制度,保证会计信息真实完整。勤勉尽责、爱岗敬业,忠于职守、敢于斗争,自觉抵制会计造假行为,维护国家财经纪律和经济秩序。

三、坚持学习,守正创新。始终秉持专业精神,勤于学习、锐意进取,持续提升会计专业能力。不断适应新形势新要求,与时俱进、开拓创新,努力推动会计事业高质量发展。

附录四 《关于规范电子会计凭证报销入账归档的通知》

关于规范电子会计凭证报销入账归档的通知

财会〔2020〕6号

党中央有关部门财务部门、档案部门,各省、自治区、直辖市、计划单列市财政厅(局)、档案局,新疆生产建设兵团财政局、档案局,国务院各部委财务部门、档案部门,财政部各地监管局,有关人民团体财务部门、档案部门,中央企业财务部门、档案部门:

为适应电子商务、电子政务发展,规范各类电子会计凭证的报销入账归档,根据国家有关法律、行政法规,现就有关事项通知如下:

一、本通知所称电子会计凭证,是指单位从外部接收的电子形式的各类会计凭证,包括电子发票、财政电子票据、电子客票、电子行程单、电子海关专用缴款书、银行电子回单等电子会计凭证。

二、来源合法、真实的电子会计凭证与纸质会计凭证具有同等法律效力。

三、除法律和行政法规另有规定外,同时满足下列条件的,单位可以仅使用电子会计凭证进行报销入账归档:

(一)接收的电子会计凭证经查验合法、真实;

(二)电子会计凭证的传输、存储安全、可靠,对电子会计凭证的任何篡改能够及时被发现;

(三)使用的会计核算系统能够准确、完整、有效接收和读取电子会计凭证及其元数据,能够按照国家统一的会计制度完成会计核算业务,能够按照国家档案行政管理部门规定格

式输出电子会计凭证及其元数据,设定了经办、审核、审批等必要的审签程序,且能有效防止电子会计凭证重复入账;

(四)电子会计凭证的归档及管理符合《会计档案管理办法》(财政部国家档案局令第79号)等要求。

四、单位以电子会计凭证的纸质打印件作为报销入账归档依据的,必须同时保存打印该纸质件的电子会计凭证。

五、符合档案管理要求的电子会计档案与纸质档案具有同等法律效力。除法律、行政法规另有规定外,电子会计档案可不再另以纸质形式保存。

六、单位和个人在电子会计凭证报销入账归档中存在违反本通知规定行为的,县级以上人民政府财政部门、档案行政管理部门应当依据《中华人民共和国会计法》《中华人民共和国档案法》等有关法律、行政法规处理处罚。

七、本通知由财政部、国家档案局负责解释,并自发布之日起施行。

财政部
国家档案局
2020 年 3 月 23 日